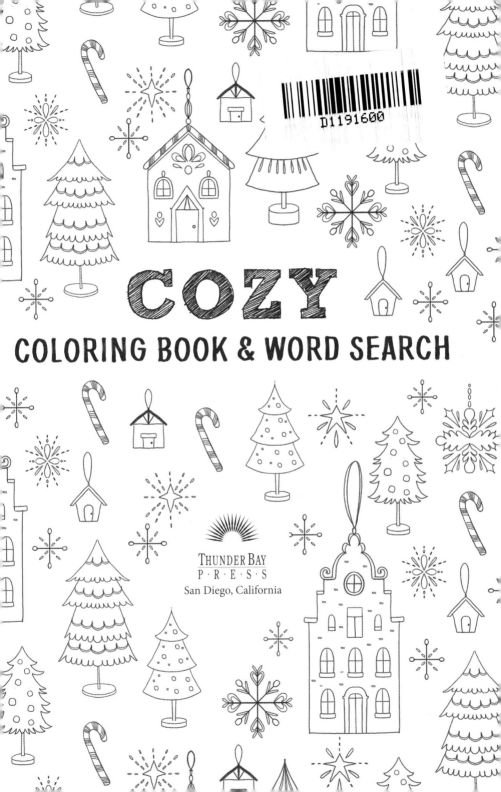

COZY

COLORING BOOK & WORD SEARCH

THUNDER BAY
P·R·E·S·S
San Diego, California

Thunder Bay Press
An imprint of Printers Row Publishing Group
10350 Barnes Canyon Road, Suite 100, San Diego, CA 92121
www.thunderbaybooks.com

Thunder Bay Press
Publisher: Peter Norton
Associate Publisher: Ana Parker
Publishing Team: April Farr, Kelly Larsen, Kathryn C. Dalby
Editorial Team: JoAnn Padgett, Melinda Allman, Traci Douglas, Dan Mansfield

ISBN: 978-1-68412-912-6

Printed in China.

23 22 21 20 19   2 3 4 5 6

WINTER DAYS

X	D	B	Z	P	V	I	L	I	G	H	T	S	L	S	S
W	Y	C	A	N	D	L	E	S	J	Q	T	S	J	T	X
B	A	F	X	H	Z	V	S	S	N	O	W	B	A	O	P
G	Y	T	E	B	U	D	Q	P	L	C	I	H	I	B	S
H	O	T	C	H	O	C	O	L	A	T	E	Z	U	L	I
S	M	S	F	A	M	I	L	Y	I	X	K	Q	X	F	J
Z	U	C	Y	F	S	N	O	W	F	L	A	K	E	H	S
S	K	A	C	U	M	N	L	C	Z	N	L	I	O	A	E
H	J	R	P	O	Q	C	C	Z	A	M	P	X	S	P	Y
W	N	V	I	X	L	C	F	P	G	L	M	A	C	P	A
L	F	E	C	A	Z	D	R	I	L	L	N	V	Q	I	X
K	H	S	E	A	N	G	A	I	Z	W	O	X	S	N	U
U	F	R	W	L	H	I	H	L	K	J	X	V	P	E	J
W	F	R	O	S	T	C	G	S	K	C	I	H	E	S	M
P	M	U	S	I	C	H	A	W	H	Z	S	F	S	S	M

CANDLES	GLOVES	LIGHTS
CHILL	HAPPINESS	MUSIC
COLD	HATS	SCARVES
FAMILY	HOT CHOCOLATE	SNOW
FROST	ICE	SNOWFLAKE

SCARVES AND MITTENS

T	Y	S	U	K	H	N	X	K	Q	J	S	J	L	W	O
V	N	O	T	A	F	N	G	S	D	M	R	Q	E	L	W
K	Z	F	W	I	D	Y	C	E	O	U	F	Q	M	W	B
Q	G	T	V	A	I	P	T	H	F	E	E	D	S	O	O
X	D	X	L	K	R	T	Q	X	X	A	U	J	S	O	B
X	F	J	F	I	I	M	U	H	H	X	N	L	X	L	B
J	D	D	F	N	L	A	T	M	Q	Y	E	P	S	I	L
V	T	C	K	G	F	H	D	W	E	S	E	E	R	N	E
B	W	O	L	X	G	E	N	S	B	V	C	R	L	S
K	V	A	O	S	P	Q	G	A	J	O	C	O	X	H	S
F	D	T	N	P	L	C	T	L	L	K	P	T	I	P	T
Z	D	S	G	O	V	O	V	G	A	B	A	T	F	P	C
H	A	T	S	T	W	Z	B	N	R	Q	D	O	Y	Z	F
V	G	Y	B	S	K	Y	K	N	U	Z	W	N	J	T	V
S	T	R	I	P	E	S	N	O	R	N	Q	R	S	F	U

BOBBLES	GLOVES	SPOTS
COATS	HATS	STRIPES
COTTON	KNITTED	TASSELS
COZY	LONG	WARM
FAUX FUR	SOFT	WOOL

SLEIGH RIDE

B	I	L	H	D	S	T	A	R	L	I	G	H	T	S	N
B	Z	K	O	M	O	U	U	M	Z	X	Q	E	O	L	W
A	U	A	R	Z	H	W	G	L	L	K	K	O	L	E	S
A	P	G	S	B	P	R	O	E	B	E	L	L	S	I	L
S	I	Q	E	K	S	N	O	W	G	M	G	P	U	G	D
N	P	P	S	E	P	X	B	W	S	A	J	M	G	H	T
O	B	S	M	B	R	I	T	D	I	G	F	Y	K	E	R
W	C	W	A	S	T	O	H	G	N	I	Z	A	D	W	J
F	B	C	M	Q	R	G	M	C	G	C	O	I	S	H	O
L	Y	X	U	F	A	R	V	A	I	A	R	Y	E	T	U
A	X	H	Y	A	C	T	F	J	N	L	S	I	F	S	R
K	A	M	Y	A	K	R	J	A	G	T	C	W	R	J	N
E	Y	F	R	X	S	I	D	M	C	U	I	I	B	Z	E
S	F	I	X	G	O	P	G	Y	W	M	R	C	X	Z	Y
Q	X	J	I	N	G	L	E	J	Q	A	F	H	K	D	N

BELLS	MAGICAL	SNOW
FAST	RIDE	SNOWFLAKES
HORSES	ROMANTIC	STARLIGHT
JINGLE	SINGING	TRACKS
JOURNEY	SLEIGH	TRIP

IT'S SNOWING!

F	B	U	I	W	C	U	C	K	A	W	G	P	A	U	Z
F	K	E	K	I	O	N	T	N	B	T	W	A	Q	W	T
Y	A	Y	A	Q	L	A	S	B	Q	G	H	S	M	N	V
A	B	L	A	U	D	S	V	N	D	C	I	W	E	E	Z
S	N	W	L	T	T	R	G	E	O	A	T	M	U	Y	S
F	N	G	W	I	S	I	F	U	N	W	E	E	T	Q	D
O	S	J	E	R	N	E	F	Z	Y	T	B	X	V	Z	Y
O	N	N	V	L	B	G	H	U	I	Q	R	A	A	J	N
T	I	U	O	B	S	C	U	C	L	Z	B	P	L	X	P
P	L	C	Q	W	L	U	X	E	H	X	O	Y	C	L	N
R	W	Z	Y	E	M	E	I	P	A	T	T	E	R	N	S
I	V	Y	U	W	Q	A	S	P	E	C	I	A	L	Z	N
N	I	Q	Z	X	W	U	N	Y	Q	T	A	F	R	P	R
T	S	H	J	W	O	H	K	N	J	Y	J	J	G	F	H
S	D	W	G	R	E	G	O	A	B	M	R	V	M	W	M

ANGELS	FOOTPRINTS	SNOWBALLS
BEAUTIFUL	FUN	SNOWMAN
COLD	GAMES	SPECIAL
EXCITEMENT	ICY	SQUELCH
FALLING	PATTERNS	WHITE

WINTER STORIES

```
K  Q  T  S  I  H  S  T  N  I  C  H  O  L  A  S
K  S  A  N  T  A  C  N  R  Y  K  S  M  C  C  M
P  X  W  P  A  L  R  R  X  C  I  N  D  M  J  C
F  A  I  R  Y  T  A  L  E  S  N  O  Z  U  N  P
N  E  F  Y  V  Q  B  I  H  A  G  W  V  J  N  C
H  L  Z  A  E  O  B  Q  F  T  S  Q  N  I  A  W
A  V  H  E  R  O  E  S  S  S  U  Z  Z  T  N
M  E  O  B  S  N  W  E  M  L  I  E  O  E  I  S
Q  S  O  Z  A  R  L  H  A  A  Z  E  S  M  V  N
N  T  D  T  N  B  Q  M  C  J  G  N  Q  U  I  O
J  P  I  W  A  E  I  J  O  S  F  I  X  G  T  W
J  O  V  F  J  N  O  R  O  F  E  C  B  Y  M
E  N  C  H  A  N  T  I  N  G  Z  H  V  M  Y  A
N  U  T  C  R  A  C  K  E  R  X  W  P  S  G  N
F  A  C  K  J  R  C  P  A  N  G  E  L  S  P  J
```

ANGELS	FAIRY TALES	NUTCRACKER
ANIMALS	HEROES	SANTA
ELVES	KINGS	SNOW QUEEN
ENCHANTING	MAGIC	SNOWMAN
FABLES	NATIVITY	ST. NICHOLAS

CHRISTMAS CAROLS

O	T	B	G	R	O	U	P	Y	G	N	U	Z	V	I	Z
H	W	U	O	P	A	V	O	I	C	E	S	R	K	O	I
O	L	T	O	S	W	B	P	X	Q	T	Y	E	X	I	P
L	R	J	N	W	A	Y	W	C	A	R	O	L	S	I	X
Y	S	R	X	E	Y	S	C	H	R	I	S	T	M	A	S
N	L	C	P	E	I	I	S	L	L	F	D	W	T	M	I
I	A	H	M	T	N	L	A	I	K	C	X	A	V	V	F
G	M	A	T	E	A	E	C	U	N	L	N	C	H	J	K
H	P	R	Q	H	M	N	H	C	H	G	I	E	S	S	Q
T	L	I	X	V	A	T	I	M	Q	S	I	I	U	D	I
E	I	T	G	F	N	N	L	F	U	C	B	N	K	W	F
E	G	Y	H	S	G	I	D	M	M	R	C	C	G	Y	F
K	H	D	X	C	E	G	R	C	H	U	R	C	H	T	U
Y	T	G	L	H	R	H	E	A	B	E	L	L	S	P	P
F	V	U	K	X	W	T	N	U	T	B	Z	B	U	L	S

AWAY IN A MANGER	CHRISTMAS	O HOLY NIGHT
BELLS	CHURCH	SILENT NIGHT
CAROLS	GROUP	SINGING
CHARITY	LAMPLIGHT	SWEET
CHILDREN	MUSIC	VOICES

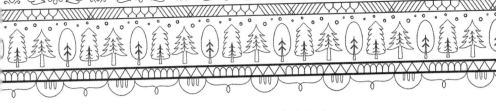

FLUFFY ANIMALS

C	N	B	Z	E	T	X	S	H	E	E	P	N	X	Q	B
H	A	I	A	B	S	F	G	G	H	O	S	B	O	H	S
M	B	T	H	B	P	G	W	V	O	G	L	H	T	A	L
D	L	N	I	Y	Y	K	Y	G	A	A	S	H	G	M	C
O	K	M	I	S	B	P	O	B	T	P	T	U	U	S	G
N	R	F	B	W	X	D	E	L	X	S	E	J	I	T	Z
K	X	S	O	V	K	L	D	N	L	J	W	C	N	E	K
E	O	M	Q	X	P	K	M	Y	G	A	X	V	E	R	R
Y	Y	O	W	U	K	O	O	R	R	U	M	F	A	S	R
N	D	U	Q	F	I	H	O	A	F	F	I	A	P	V	A
P	Q	S	Z	Z	M	R	C	D	J	A	M	N	I	W	B
Z	J	E	S	R	H	P	R	B	L	W	G	T	G	B	B
Y	G	F	O	M	M	O	R	E	S	E	K	H	I	J	I
G	V	L	Q	W	Y	N	W	H	L	F	N	P	U	P	T
L	B	I	N	Z	P	S	O	B	F	D	T	P	O	N	Y

BABY PENGUIN	GOAT	POODLE
CAT	GUINEA PIG	PONY
DOG	HAMSTER	RABBIT
DONKEY	LLAMA	SHEEP
FOX	MOUSE	SQUIRREL

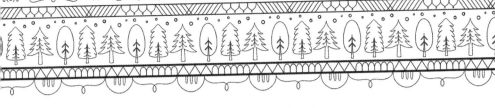

STARRY NIGHT

K	S	Z	S	C	O	R	P	I	U	S	Z	W	K	H	V
V	A	R	I	E	S	B	M	L	L	L	Y	T	M	B	C
B	G	P	P	I	R	K	V	T	I	Y	U	W	J	A	A
U	R	S	A	M	I	N	O	R	E	B	P	J	L	E	Q
L	T	C	M	H	P	O	T	A	Z	S	R	I	U	A	U
M	T	A	W	O	Z	O	R	I	O	N	U	A	I	M	A
D	I	N	D	N	D	X	M	Y	U	Q	S	E	W	D	R
J	F	I	I	V	Z	V	C	O	A	E	P	J	T	W	I
P	J	S	O	J	W	H	G	K	C	O	H	S	A	L	U
O	P	M	W	G	B	T	T	S	I	S	O	L	U	E	S
R	O	A	K	E	V	Y	I	S	U	Q	D	Y	R	O	T
P	Y	J	W	M	E	P	S	N	I	S	U	R	U	R	H
D	O	O	O	I	K	A	G	Z	W	C	N	A	S	L	Z
O	F	R	T	N	C	Y	C	W	H	N	R	F	D	V	Z
S	T	V	X	I	C	B	O	R	T	V	U	H	K	F	G

AQUARIUS

AQUILA

ARIES

CANIS MAJOR

CASSIOPEIA

CYGNUS

GEMINI

LEO

LIBRA

LYRA

ORION

PISCES

SCORPIUS

TAURUS

URSA MINOR

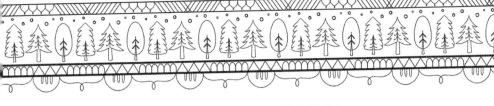

MOVIE MARATHON

W	I	T	E	R	M	I	N	A	T	O	R	M	K	J	B
T	N	H	I	J	E	E	U	K	D	Y	X	X	X	U	L
H	D	E	S	A	M	W	E	H	L	K	K	I	A	R	O
E	I	G	T	M	D	S	T	A	R	T	R	E	K	A	R
M	A	O	D	E	A	W	W	X	H	T	J	H	S	S	D
U	N	D	I	S	K	P	T	O	A	K	E	R	T	S	O
M	A	F	E	B	C	P	W	M	R	U	C	T	A	I	F
M	J	A	H	O	K	E	E	J	R	T	U	F	R	C	T
Y	O	T	A	N	O	H	J	N	Y	O	O	G	W	P	H
M	N	H	R	D	T	P	R	C	P	Y	A	H	A	A	E
O	E	E	D	S	B	G	B	D	O	S	V	Y	R	R	R
Y	S	R	R	X	I	W	H	C	T	T	B	F	S	K	I
L	R	O	C	K	Y	T	F	R	T	O	D	S	G	V	N
V	G	D	R	V	V	T	C	X	E	R	X	X	V	V	G
A	L	I	E	N	W	N	T	E	R	Y	J	A	H	L	S

ALIEN

DIE HARD

HARRY POTTER

INDIANA JONES

JAMES BOND

JURASSIC PARK

LORD OF THE RINGS

ROCKY

STAR TREK

STAR WARS

TERMINATOR

THE GODFATHER

THE MATRIX

THE MUMMY

TOY STORY

FESTIVE FOODS

```
C  B  P  Y  C  K  U  W  T  E  O  D  G  T  R  W
A  K  C  J  T  O  U  L  V  W  U  X  D  U  M  G
N  T  A  H  N  B  O  F  R  U  I  T  C  A  K  E
D  U  B  D  E  S  E  K  S  T  O  L  L  E  N  M
Y  P  X  O  G  S  B  E  I  D  J  I  X  A  E  H
C  U  K  Y  C  W  T  U  F  E  Z  Q  R  D  L  E
A  M  K  E  E  Y  Y  N  G  R  S  B  Q  S  Y  F
N  P  Y  A  J  H  J  H  U  I  I  O  O  S  N  E
E  K  T  U  R  K  E  Y  R  T  O  B  H  R  E  G
Z  I  U  Q  D  E  U  H  D  T  S  N  H  A  M  G
E  N  G  I  N  G  E  R  B  R  E  A  D  K  G  N
C  P  Q  E  D  A  P  P  L  E  C  I  D  E  R  O
A  I  M  P  E  C  A  N  P  I  E  M  H  U  A  G
V  E  M  O  N  B  V  F  S  T  U  F  F  I  N  G
G  B  R  U  S  S  E  L  S  S  P  R  O  U  T  S
L  P  E  M  A  H  Q  M  G  J  D  E  F  D  U  V
```

APPLE CIDER	COOKIES	PECAN PIE
BEEF RIB	EGG NOG	PUMPKIN PIE
BRUSSELS SPROUTS	FRUITCAKE	STOLLEN
CANDY CANE	GINGERBREAD	STUFFING
CHESTNUTS	HAM	TURKEY

COZY

O	A	J	W	D	S	X	I	H	B	B	Q	S	H	P	H
S	J	D	W	L	I	N	I	C	B	M	B	W	L	S	W
H	J	S	Y	I	Y	S	U	I	U	V	G	D	C	C	A
H	I	F	T	A	N	N	C	G	B	E	D	J	H	A	L
U	F	F	S	E	L	T	Q	O	G	C	B	T	S	R	K
G	D	G	I	U	A	Z	E	R	N	L	U	C	I	F	J
S	A	G	B	R	J	R	B	R	X	T	Y	D	P	F	Z
X	L	T	X	Y	E	Y	M	C	F	D	E	V	D	Q	U
S	K	N	Z	Q	P	S	H	U	C	Z	H	N	K	L	I
W	R	K	W	E	P	S	I	T	F	O	R	P	T	J	E
E	W	P	E	A	G	H	I	D	E	F	M	G	L	J	J
A	G	L	A	E	R	D	K	R	E	D	S	F	B	Z	C
T	S	I	J	L	Z	M	U	A	S	O	R	I	Y	X	O
E	Y	E	W	H	I	C	H	A	P	P	Y	S	S	L	Z
R	S	Q	C	D	H	F	E	H	I	N	R	T	N	M	U

BED	FIRESIDE	SNUGGLY
COMFY	HAPPY	SWEATER
CONTENT	HUGS	WALK
CUDDLE	SCARF	WARM
EARMUFFS	SLEEPY	WINTER

23

CATCHING SNOWFLAKES

B	L	P	G	E	V	R	E	Y	T	H	A	G	O	B	A
P	E	C	A	Y	M	X	C	S	K	Y	J	J	K	I	V
N	Z	F	W	T	D	E	D	R	C	Y	X	N	E	C	J
V	G	H	O	N	T	A	L	E	Y	H	V	B	J	V	R
N	Y	P	C	L	I	E	N	T	L	S	Y	V	Q	U	I
Q	A	F	T	O	Y	D	R	C	I	I	T	H	D	F	Q
Z	L	X	O	R	L	Y	F	N	I	N	C	A	J	A	O
F	S	C	E	D	H	D	N	M	G	N	G	A	L	J	D
D	B	T	S	N	O	W	B	A	N	K	G	S	T	S	R
T	A	B	X	N	A	A	G	A	M	E	S	U	D	E	I
W	G	K	C	R	H	Q	Q	N	Z	R	C	S	E	J	F
E	N	A	T	U	R	E	I	R	R	U	D	Y	A	Y	T
A	S	I	R	B	Q	F	C	Q	Z	N	F	W	J	I	I
O	R	C	Y	F	E	F	L	O	A	T	I	N	G	Y	N
W	G	E	D	G	L	L	Y	H	C	G	W	D	E	W	G

COLD	FLOATING	NATURE
CRYSTALS	GAMES	PATTERN
DANCING	HANDS	SKY
DELICATE	ICE	SNOWBANK
DRIFTING	MELTING	WATER

WINE LIST

Q	K	P	I	N	O	T	G	R	I	G	I	O	O	N	D
O	P	R	H	S	A	N	G	I	O	V	E	S	E	M	J
N	I	S	B	B	N	U	D	X	K	D	V	R	G	E	X
W	N	C	H	A	R	D	O	N	N	A	Y	I	T	R	J
V	O	K	M	V	C	H	I	A	N	T	I	E	T	L	U
V	T	K	C	F	J	N	U	B	U	W	D	S	O	O	M
E	N	P	H	A	Z	T	X	J	X	H	S	L	R	T	Q
U	O	P	A	K	E	L	U	Q	H	I	O	I	O	L	D
Y	I	Q	M	N	L	K	O	G	Z	T	N	N	S	C	S
S	R	S	P	T	R	M	Q	A	B	E	J	G	E	J	S
S	T	E	A	Z	C	I	R	K	X	Y	S	M	J	V	Y
K	A	I	G	W	K	I	M	A	L	B	E	C	W	C	R
C	X	Z	N	V	H	Q	R	E	D	E	F	J	N	A	A
O	C	R	E	S	O	F	A	Y	D	Y	Q	P	I	V	H
M	T	E	M	P	R	A	N	I	L	L	O	A	I	A	U

CAVA	MERLOT	SANGIOVESE
CHAMPAGNE	PINOT GRIGIO	SHIRAZ
CHARDONNAY	PINOT NOIR	SYRAH
CHIANTI	RIESLING	TEMPRANILLO
MALBEC	RED	WHITE

FOREST FRIENDS

S	N	R	A	B	B	I	T	D	D	S	N	J	X	J	H
O	S	D	G	J	L	D	C	H	I	P	M	U	N	K	E
W	P	N	H	H	X	T	B	A	D	G	E	R	M	N	V
S	O	Z	N	R	D	U	M	O	O	S	E	K	O	Q	Y
O	Q	O	I	L	X	G	U	F	U	N	I	B	U	X	T
F	B	U	D	J	T	J	R	R	D	E	E	R	S	Q	D
F	L	C	I	P	S	D	F	N	A	N	W	L	E	B	E
W	Z	L	L	R	E	C	R	E	F	C	F	N	E	H	D
G	F	W	M	E	R	C	A	Q	F	N	C	L	I	W	R
O	O	H	T	H	K	E	K	R	Y	U	O	O	Y	U	F
Z	X	Z	C	Y	K	U	L	E	D	M	D	Q	O	Z	Q
Y	C	X	L	H	O	R	U	W	R	I	R	N	M	N	K
S	P	A	R	R	O	W	V	F	R	A	N	G	E	L	E
Z	R	D	Y	U	C	J	O	F	E	A	N	A	W	Z	Q
T	K	X	H	B	S	E	O	B	E	O	J	J	L	G	P

BADGER	FOX	RABBIT
BEAR	MOLE	RACCOON
CARDINAL	MOOSE	SPARROW
CHIPMUNK	MOUSE	SQUIRREL
DEER	OWL	WOODPECKER

CANDLELIGHT

T	Q	O	W	G	T	L	S	Y	A	R	A	B	T	Z	C
G	W	M	J	U	F	P	T	D	C	O	Z	K	Z	N	K
S	L	E	Y	O	L	R	A	D	Q	F	L	A	M	E	H
A	V	O	T	R	A	N	Q	U	I	L	I	T	Y	T	R
B	S	P	W	B	R	I	G	H	T	Q	E	R	M	M	C
O	C	G	I	D	A	L	G	A	P	L	E	R	Q	O	Z
B	E	G	D	A	V	O	E	S	V	Y	A	S	J	W	O
A	N	W	I	S	H	H	Y	D	A	W	A	X	R	D	P
U	T	C	S	W	C	W	X	R	O	C	N	A	T	B	F
Z	E	A	U	I	C	U	P	E	L	I	G	H	T	R	L
M	D	N	A	J	V	W	X	W	U	B	N	Y	R	I	I
Q	N	D	K	M	L	Y	O	Y	Z	H	A	Y	B	J	C
A	W	L	N	S	J	O	S	H	I	N	E	B	F	L	K
Z	B	E	G	A	P	E	S	X	U	G	I	G	R	H	E
V	Q	G	C	E	L	E	B	R	A	T	I	O	N	C	R

BRIGHT	**GLOW**	**TRANQUILITY**
CANDLE	**HEAT**	**SHINE**
CELEBRATION	**LIGHT**	**WARMTH**
FLAME	**PRAYER**	**WAX**
FLICKER	**SCENTED**	**WISH**

LET'S BUILD A SNOWMAN!

I	N	K	W	X	S	X	L	V	Y	S	S	S	G	G	P
W	Z	J	T	S	E	L	N	C	C	C	W	B	D	V	T
H	H	P	S	Q	A	D	D	M	B	A	W	J	M	R	H
I	F	J	O	O	L	Z	O	U	S	R	G	Z	F	W	J
T	B	B	C	K	F	W	N	E	E	F	M	M	O	X	C
E	Q	B	P	R	X	E	Z	T	E	P	H	N	K	Z	S
V	V	H	A	T	R	Y	C	K	S	Q	S	Q	Q	P	T
V	Z	R	X	D	K	A	C	L	W	U	P	I	G	M	I
L	W	O	L	B	R	S	L	A	O	L	A	T	A	S	C
H	D	I	Z	A	N	A	D	Z	R	Y	N	P	O	N	K
E	H	F	H	O	B	E	K	D	W	R	H	N	T	O	S
C	B	C	T	W	L	C	C	I	P	N	O	F	D	W	O
U	P	T	O	I	P	O	Q	X	R	Q	A	T	R	M	O
O	U	N	M	H	G	L	O	V	E	S	C	S	M	A	N
B	S	S	W	I	U	K	F	R	O	S	T	Y	B	N	W

BUTTONS	FROSTY	SNOW
CARROT	GLOVES	SNOWBALLS
CHARACTER	HAT	SNOWMAN
CHILDREN	SCARF	STICKS
COAL	SMILE	WHITE

FIREPLACE

Y	H	F	F	M	U	C	N	A	R	A	Q	P	O	S	E
Z	U	V	B	S	M	O	K	E	S	J	X	K	K	Q	B
D	E	C	O	R	A	T	I	O	N	O	T	R	X	P	C
J	O	P	K	O	U	X	J	W	K	J	A	O	L	A	E
A	E	H	D	U	A	F	I	R	E	P	L	A	C	E	E
S	F	O	F	N	K	C	X	A	S	B	E	M	U	G	C
T	C	T	L	X	L	Q	T	H	A	K	F	H	N	J	S
O	H	O	A	Q	T	N	W	B	T	B	C	A	B	L	Y
C	E	F	M	W	A	Y	K	J	J	T	R	M	A	G	K
K	R	R	E	S	S	F	W	U	A	O	U	O	C	G	L
I	K	A	S	G	W	P	O	M	Q	D	C	F	J	A	G
N	D	M	B	H	B	G	O	D	A	Q	N	J	D	T	U
G	V	E	M	Z	P	H	D	B	F	A	M	I	L	Y	V
S	S	S	L	F	I	R	E	S	T	A	R	T	E	R	I
C	O	T	B	M	A	R	S	H	M	A	L	L	O	W	S

COALS	FLAMES	SANTA
DECORATION	MARSHMALLOWS	SMOKE
FAMILY	MATCH	SPARKS
FIRE STARTER	ORANGE	STOCKINGS
FIREPLACE	PHOTO FRAMES	WOOD

COLD COUNTRIES

K	W	A	C	E	G	R	E	E	N	L	A	N	D	X	A
A	A	P	S	U	M	S	N	Y	E	H	T	V	I	I	W
Z	U	V	F	N	P	O	L	R	S	N	H	L	S	N	C
A	S	L	P	I	S	Z	N	U	P	D	R	S	P	O	F
K	T	V	M	T	N	W	U	G	N	F	U	I	C	R	L
H	R	K	I	E	P	L	E	Q	O	R	E	F	H	W	Z
S	I	B	C	D	A	O	A	D	P	L	M	S	I	A	I
T	A	A	E	S	Z	T	L	N	E	D	I	L	N	Y	I
A	C	F	L	T	Y	G	C	A	D	N	W	A	A	N	A
N	M	S	A	A	A	H	A	F	N	F	Q	R	P	I	G
W	V	G	N	T	X	W	N	V	K	D	O	E	V	L	N
X	O	Z	D	E	G	R	A	E	E	X	T	T	A	R	K
S	S	R	Y	S	Y	H	D	Q	O	O	A	I	N	J	U
L	G	Q	V	U	U	H	A	I	R	L	V	H	C	X	N
M	C	L	N	T	V	F	M	E	S	T	O	N	I	A	M

AUSTRIA	**GREENLAND**	**NORWAY**
CANADA	**ICELAND**	**POLAND**
CHINA	**KAZAKHSTAN**	**RUSSIA**
ESTONIA	**LATVIA**	**SWEDEN**
FINLAND	**MONGOLIA**	**UNITED STATES**

SKI VACATION

Q	S	C	H	A	I	R	L	I	F	T	U	R	K	U	K
S	N	O	W	X	I	O	B	I	Z	Z	S	C	Q	C	X
H	W	R	Z	L	K	E	O	I	W	C	L	H	N	Z	S
O	D	S	P	W	N	H	G	H	R	D	O	A	P	G	N
T	F	S	N	O	W	B	O	O	T	S	P	L	X	F	O
C	E	O	H	C	S	L	T	Y	C	W	E	E	I	H	W
H	S	K	I	S	M	A	L	H	R	D	S	T	N	F	B
O	D	R	X	T	N	O	L	S	E	K	A	U	S	R	O
C	X	H	Y	D	F	D	U	O	K	R	I	U	L	L	A
O	F	J	N	C	S	U	N	P	I	M	N	K	Y	R
L	A	P	C	S	E	N	G	V	T	E	P	A	F	Y	D
A	V	Z	Q	L	N	X	Y	L	L	A	T	A	L	B	D
T	P	J	O	Y	A	U	E	K	I	I	I	T	S	S	G
E	C	P	D	T	N	B	U	D	D	D	M	N	E	S	Q
Z	S	G	O	G	G	L	E	S	O	U	E	S	S	S	F

CHAIRLIFT	MOUNTAINS	SLOPES
CHALET	POLES	SNOW
GLIDE	SALOPETTES	SNOW BOOTS
GOGGLES	SKI PASS	SNOWBOARD
HOT CHOCOLATE	SKIS	THERMALS

SNOW GLOBE

G	I	F	T	S	M	X	W	R	W	I	A	G	A	U	R
S	T	B	A	N	Y	K	N	P	H	O	U	S	E	Y	I
N	E	Y	I	H	P	O	M	I	A	K	E	R	G	N	S
N	S	L	E	I	G	H	N	N	F	C	A	S	T	L	E
F	G	G	G	F	A	L	L	I	N	G	T	E	F	R	H
V	P	P	I	T	O	Q	E	B	L	S	B	D	F	O	R
L	F	Y	Q	X	F	K	E	A	S	O	Q	S	R	E	R
D	X	S	X	K	A	E	C	A	L	E	E	K	T	W	E
V	L	F	N	H	K	I	L	G	S	A	N	T	A	O	I
A	N	E	S	O	G	G	W	O	E	F	I	S	J	O	N
U	E	P	T	A	W	O	U	N	Y	L	Y	D	R	D	D
Q	G	P	M	O	N	M	Q	T	G	A	S	V	D	L	E
N	G	J	Y	S	H	X	A	C	V	W	C	I	O	A	E
L	D	S	B	W	N	O	U	N	M	E	R	M	C	N	R
Y	B	R	P	U	J	K	Y	X	Q	H	V	Y	F	D	Y

AWE	GLITTER	SHAKE
CASTLE	HOUSE	SLEIGH
FALLING	MAGICAL	SNOW GLOBE
GIFT	REINDEER	SNOWMAN
GLASS	SANTA	WOODLAND

ALL WRAPPED UP

```
Z  K  X  P  O  V  G  P  M  M  U  N  G  S  H  T
L  C  E  L  E  B  R  A  T  I  O  N  K  X  W  M
Y  Z  L  C  J  U  T  H  P  F  Q  P  P  O  E  D
C  O  L  O  R  F  U  L  K  K  T  X  X  N  K  D
T  G  S  X  I  S  C  G  U  O  P  S  O  B  V  X
I  V  T  G  C  N  A  S  L  C  Q  H  H  U  R  S
S  S  A  B  S  P  P  B  Z  I  T  A  G  T  I  R
S  T  P  O  Q  T  A  B  A  G  T  U  K  P  J  D
U  R  E  W  E  S  R  Y  B  F  A  T  P  G  T  R
E  I  X  B  Y  P  S  I  T  Q  F  I  E  G  H  H
P  P  Z  Q  Z  O  P  R  N  T  A  G  C  R  D  K
A  E  N  C  M  T  T  C  C  G  Z  W  T  X  Y  X
P  D  S  P  Q  T  R  I  B  B  O  N  J  V  Z  P
E  B  O  X  D  E  G  P  T  F  F  K  Y  F  R  B
R  I  C  O  L  D  P  R  E  S  E  N  T  P  I  N
```

BAG	GIFT	STRING
BOW	GLITTERY	STRIPED
BOX	PRESENT	TAG
CELEBRATION	RIBBON	TAPE
COLORFUL	SPOTTED	TISSUE PAPER

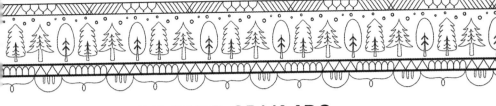

COOKIE CRUMBS

```
Z  F  A  L  Q  M  C  H  C  Q  R  E  S  W  Y  D
E  P  P  T  E  R  K  O  O  I  S  G  C  R  C  M
I  Z  C  E  E  I  W  N  C  A  I  C  D  A  I  H
E  M  Y  T  A  G  Q  E  O  F  O  O  I  T  N  L
G  W  T  P  E  N  W  Y  N  Q  U  G  Y  M  N  I
Q  U  Z  M  R  P  U  C  U  Z  M  D  C  P  A  D
B  J  T  U  P  H  K  T  T  E  W  S  R  X  M  H
Z  U  U  X  V  K  R  C  B  J  E  E  K  Z  O  D
N  R  C  L  E  M  O  N  P  U  G  G  C  B  N  F
J  A  E  R  M  N  L  C  V  N  T  W  H  R  O  R
E  I  Z  O  Z  W  J  K  I  O  L  T  T  S  W  U
T  S  W  Z  I  C  B  G  J  M  G  A  E  Y  O  I
T  I  M  B  P  P  E  C  A  N  I  I  H  R  A  T
X  N  C  H  O  C  O  L  A  T  E  N  G  L  T  N
D  V  X  S  H  O  R  T  B  R  E  A  D  R  S  H
```

BUTTER	FRUIT	OATS
CHOCOLATE	GINGER	PEANUT BUTTER
CINNAMON	HONEY	PECAN
COCONUT	LEMON	RAISIN
FIGS	NUTMEG	SHORTBREAD

YUMMY FOOD!

```
J  P  D  N  Z  T  D  F  B  S  W  E  H  S  W  N
K  O  B  X  P  N  H  K  X  H  G  T  A  K  J  M
E  T  V  B  B  M  P  H  C  O  Y  D  K  P  A  A
Y  R  B  Q  X  E  T  C  D  F  A  M  Z  A  M  C
L  O  U  K  U  V  X  T  S  L  V  S  N  N  B  A
I  A  F  I  A  X  O  O  I  F  I  R  P  C  A  R
M  S  F  Q  D  H  H  H  S  S  P  I  I  A  L  O
E  T  A  Z  S  C  C  G  K  I  E  O  Z  K  A  N
P  C  L  H  A  N  U  P  G  F  J  B  Z  E  Y  I
I  D  O  N  E  E  U  Q  N  V  N  T  A  S  A  C
E  D  W  B  U  R  G  E  R  F  K  G  Y  C  W  H
G  C  I  O  M  N  X  Q  F  A  J  I  T  A  S  E
C  A  N  X  W  P  A  P  P  L  E  P  I  E  D  E
C  Y  G  F  R  I  B  S  F  D  A  V  R  V  J  S
L  Y  S  F  R  I  E  D  C  H  I  C  K  E  N  E
```

APPLE PIE	FRIED CHICKEN	NACHOS
BUFFALO WINGS	HOT DOG	PANCAKES
BURGER	JAMBALAYA	PIZZA
ENCHILADAS	KEY LIME PIE	POT ROAST
FAJITAS	MACARONI CHEESE	RIBS

BOOKS

```
F  T  I  N  V  I  S  I  B  L  E  M  A  N  T  L
R  X  L  M  T  U  D  R  V  K  A  U  R  R  H  I
A  O  B  M  O  B  P  E  E  D  G  H  U  C  E  T
N  P  E  E  X  B  A  N  A  B  C  N  W  T  G  T
K  H  Q  R  L  S  Y  O  K  M  E  W  F  W  I  L
E  W  A  O  O  O  R  D  E  P  B  C  Q  E  V  E
N  F  W  M  Z  E  V  R  I  Y  B  E  C  W  E  W
S  C  S  Y  H  P  Y  E  O  C  S  W  F  A  R  O
T  K  O  T  P  E  W  K  D  V  K  T  H  V  I  M
E  W  K  E  E  G  H  O  S  T  J  M  P  P  I  E
I  B  N  N  P  G  D  T  C  F  L  B  U  A  U  N
N  U  A  R  G  E  F  O  U  T  L  A  N  D  E  R
D  J  V  B  Q  H  A  R  R  Y  P  O  T  T  E  R
Q  V  G  A  M  E  O  F  T  H  R  O  N  E  S  Y
M  T  H  E  N  O  T  E  B  O  O  K  Q  M  X  V
```

BELOVED   HARRY POTTER   OUTLANDER

DUNE   INVISIBLE MAN   REBECCA

FRANKENSTEIN   JANE EYRE   THE GIVER

GAME OF THRONES   LITTLE WOMEN   THE NOTEBOOK

GHOST   MOBY-DICK   THE ROAD

HOLIDAY TUNES

L	G	M	D	E	C	K	T	H	E	H	A	L	L	S	T
B	F	W	T	H	I	S	C	H	R	I	S	T	M	A	S
L	E	I	D	V	J	E	L	W	B	R	H	Y	A	L	S
U	L	L	M	X	Q	I	Q	E	C	T	O	W	L	K	N
E	I	A	E	L	O	A	N	H	I	B	A	E	O	F	O
C	Z	H	Z	T	M	H	I	G	R	G	B	V	U	L	E
H	N	A	Z	H	I	S	O	E	L	R	H	R	P	T	L
R	A	P	C	Q	A	T	M	L	E	E	S	R	T	T	P
I	V	P	D	P	P	M	S	V	Y	P	B	P	I	X	Q
S	I	Y	D	C	U	L	L	N	D	N	P	E	U	D	Z
T	D	X	K	R	F	I	Q	J	O	N	I	J	L	B	E
M	A	M	D	C	S	K	E	T	W	L	G	X	L	M
A	D	A	M	I	S	T	L	E	T	O	E	N	H	D	S
S	H	S	R	S	A	N	T	A	B	A	B	Y	S	T	B
Q	C	L	A	S	T	C	H	R	I	S	T	M	A	S	H

BLUE CHRISTMAS	JINGLE BELLS	O HOLY NIGHT
DECK THE HALLS	LAST CHRISTMAS	SANTA BABY
DRUMMER BOY	LET IT SNOW	SILVER BELLS
FELIZ NAVIDAD	MISTLETOE	SLEIGH RIDE
HAPPY XMAS	NOEL	THIS CHRISTMAS

CLASSICAL MUSIC

C	A	D	E	N	C	E	T	S	I	H	X	O	T	L	Y
K	E	Y	H	F	S	B	G	O	J	A	J	F	X	J	Y
K	R	C	O	G	L	O	Z	N	X	R	S	C	A	L	E
V	X	O	V	Y	L	A	C	A	B	M	Z	L	Y	O	C
E	O	N	J	M	M	C	T	T	O	O	T	L	X	Y	L
I	G	C	X	T	Y	L	A	A	M	N	L	X	H	J	E
T	F	E	T	V	W	H	V	H	H	Y	F	J	M	P	F
V	Y	R	R	A	K	S	C	B	D	H	R	L	O	P	F
M	A	T	F	Y	V	T	M	A	D	G	V	W	M	R	S
T	M	O	Z	Z	I	E	V	L	L	O	C	O	R	K	G
B	D	J	I	P	U	V	W	L	J	A	P	H	J	K	F
V	I	B	R	A	T	O	I	A	W	M	J	O	O	S	F
B	J	Y	V	V	Y	U	R	D	E	K	I	B	A	R	I
U	O	J	X	X	S	S	T	T	P	B	T	Y	M	Z	D
G	J	I	V	B	O	X	L	M	S	H	K	M	Y	U	V

BALLAD	**CONCERTO**	**PITCH**
BAR	**FLAT**	**SCALE**
CADENCE	**HARMONY**	**SONATA**
CHORD	**KEY**	**TEMPO**
CLEF	**OCTAVE**	**VIBRATO**

NORTH POLE

H	F	I	R	E	P	L	A	C	E	O	M	B	K	Q	S
H	Z	J	N	O	T	I	L	F	Z	K	Z	O	Q	C	G
S	A	N	T	A	C	L	A	U	S	S	K	T	J	V	Q
R	F	Y	G	S	A	R	I	M	R	S	C	L	A	U	S
N	O	R	T	H	P	O	L	E	T	Y	H	D	M	E	W
W	W	U	I	B	U	R	S	B	J	S	I	D	P	L	B
S	O	O	R	I	L	J	E	Z	D	P	L	Y	J	V	H
N	R	Y	E	A	Q	S	Y	S	Y	V	K	E	U	E	R
O	K	F	I	C	T	Z	I	C	E	U	U	K	I	S	I
W	S	D	N	Y	Y	E	M	H	P	N	C	W	H	G	S
M	H	L	D	F	C	T	E	C	J	A	T	X	B	H	H
A	O	S	E	B	E	L	L	S	S	L	C	S	K	R	E
N	P	E	E	R	Z	Z	A	C	X	Y	H	K	G	W	G
N	P	S	R	T	R	L	Y	U	V	L	I	G	H	T	S
C	A	N	D	Y	C	A	N	E	S	V	V	D	N	H	F

BELLS	LIGHTS	SACK
CANDY CANES	MRS. CLAUS	SANTA CLAUS
ELVES	NORTH POLE	SLEIGH
FIREPLACE	PRESENTS	SNOWMAN
ICE	REINDEER	WORKSHOP

WINTER WONDERLAND

C	C	A	R	I	N	G	W	M	E	P	P	I	S	A	V
U	X	G	Z	P	V	W	E	A	T	I	N	G	K	F	R
D	Y	Y	B	G	F	R	Z	M	N	M	E	O	P	G	A
G	I	V	I	N	G	A	A	T	Q	P	B	I	N	Q	X
D	N	D	C	C	Z	P	N	S	N	O	W	I	N	G	W
I	Q	R	G	P	S	P	N	S	U	S	Z	A	G	I	A
F	E	X	U	E	Y	I	G	N	H	I	U	N	N	P	L
D	D	N	G	R	Q	N	J	G	L	O	I	U	Q	X	K
C	G	O	J	W	I	G	N	A	H	V	P	W	R	Z	I
X	A	E	B	G	X	I	I	Y	O	F	V	P	M	A	N
J	C	D	N	N	K	C	P	L	A	U	G	H	I	N	G
K	E	I	G	N	O	T	Y	W	Q	B	D	F	K	N	Z
M	S	H	I	S	D	A	N	C	I	N	G	R	L	E	G
R	P	R	G	O	O	M	D	R	I	V	I	N	G	J	A
M	D	T	C	H	A	T	T	I	N	G	D	P	G	S	A

CARING	EATING	SINGING
CHATTING	GIVING	SNOWING
DANCING	LAUGHING	SOCIALIZING
DRINKING	LOVING	WALKING
DRIVING	SHOPPING	WRAPPING

FAMILY TIME

A	C	R	C	Q	V	U	Q	L	C	Z	Y	H	P	G	E
P	N	A	Y	Y	L	Q	X	D	B	T	H	C	S	I	Q
I	J	Q	K	A	W	T	A	V	N	Q	G	P	N	F	Q
P	F	W	F	K	M	A	T	L	L	T	R	W	A	T	C
E	P	C	A	L	E	I	L	I	G	V	Z	G	C	G	Q
T	P	E	Q	O	A	P	J	K	B	T	C	A	K	I	L
S	X	L	S	V	S	N	J	S	S	I	O	M	I	V	M
X	K	E	P	E	I	W	I	I	T	M	O	E	N	I	I
I	Z	B	Q	K	P	Q	O	N	X	E	K	S	G	N	S
J	Z	R	U	W	P	J	M	G	Q	Z	I	W	S	G	H
O	K	A	T	L	C	H	U	I	A	R	N	J	I	O	A
K	R	T	B	W	R	R	G	N	G	I	G	U	E	H	P
E	P	I	B	X	Z	N	N	G	Y	K	G	J	E	R	S
S	L	N	D	I	N	N	E	R	T	A	L	K	I	N	G
L	L	G	M	C	M	U	S	I	C	V	U	Q	M	W	M

CELEBRATING	JOKES	SINGING
COOKING	LOVE	SNACKING
DINNER	MISHAPS	TALKING
GAMES	MUSIC	TV TIME
GIFT GIVING	PETS	WALKS

HOLIDAYS

X	M	O	T	H	E	R	S	D	A	Y	C	A	D	J	G
S	T	P	A	T	R	I	C	K	S	D	A	Y	E	T	Z
M	E	M	O	R	I	A	L	D	A	Y	N	E	K	H	T
G	F	Q	O	B	E	L	M	C	N	Y	B	S	R	A	N
O	A	A	A	T	T	I	O	A	L	F	A	A	L	N	H
O	T	Q	E	J	A	W	H	P	Z	M	E	K	A	K	A
D	H	S	A	J	E	P	N	Y	T	Y	V	D	B	S	L
F	E	A	S	A	I	O	M	S	W	C	Z	O	O	G	L
R	R	P	T	P	O	P	I	E	J	T	X	X	R	I	O
I	S	J	E	A	C	R	N	O	A	L	O	X	D	V	W
D	D	Z	R	O	H	H	S	Y	M	H	X	I	A	I	E
A	A	Y	N	C	S	K	H	B	N	V	C	Z	Y	N	E
Y	Y	L	I	N	C	O	L	N	S	D	A	Y	K	G	N
S	O	V	A	L	E	N	T	I	N	E	S	D	A	Y	G
I	N	D	E	P	E	N	D	E	N	C	E	D	A	Y	U

CHRISTMAS	HALLOWEEN	MOTHER'S DAY
EASTER	INDEPENDENCE DAY	NEW YEAR
EPIPHANY	LABOR DAY	ST. PATRICK'S DAY
FATHER'S DAY	LINCOLN'S DAY	THANKSGIVING
GOOD FRIDAY	MEMORIAL DAY	VALENTINE'S DAY

MOON AND STARS

P	G	M	Z	M	W	Q	M	N	G	B	V	O	A	N	U
I	L	U	K	V	V	Q	A	J	C	A	N	O	P	U	S
R	I	G	E	L	S	I	H	D	N	O	I	S	I	S	Q
H	X	P	C	X	N	B	Z	U	O	O	O	M	E	U	P
I	Y	J	Q	A	V	D	L	Y	G	B	Y	R	I	C	U
Z	L	P	T	M	N	G	A	P	O	B	A	P	Y	R	N
P	N	I	E	A	U	G	L	H	P	T	U	Z	D	G	U
O	T	T	T	R	E	P	P	E	N	J	L	H	I	S	G
L	R	I	U	V	I	B	Q	A	R	S	I	R	I	U	S
A	T	F	O	X	V	O	P	N	H	T	E	L	A	R	A
R	H	B	G	C	M	W	N	W	E	M	Z	D	H	T	S
I	L	D	D	T	L	V	Z	C	A	Q	B	T	V	P	R
S	Q	E	E	K	M	F	R	O	S	N	K	F	N	N	M
G	G	Y	J	K	P	L	E	I	A	D	E	S	R	V	G
P	R	O	T	E	U	S	R	Y	W	S	R	S	I	J	J

ANTARES	PHOBOS	RIGEL
CANOPUS	PLEIADES	SIRIUS
ELARA	POLARIS	TITAN
HYPERION	PROTEUS	TITANIA
LUNA	RHEA	VEGA

WOODLAND WALK

Z	E	Q	V	I	X	R	Q	V	G	T	S	Y	G	S	J
F	Y	M	U	W	E	N	G	A	S	T	H	T	T	V	X
B	I	U	L	I	G	H	T	R	O	T	Y	N	L	M	R
R	F	S	D	Q	J	T	E	O	A	L	I	R	E	I	R
A	D	H	H	M	J	T	R	P	A	R	L	Q	A	S	K
N	Q	R	O	E	N	N	S	R	P	T	S	J	V	T	N
C	O	O	G	I	W	M	Y	T	B	P	O	K	E	J	L
H	A	O	W	B	A	D	O	I	N	N	J	Y	S	U	D
E	T	M	P	R	Y	O	D	K	P	X	D	Z	F	L	R
S	F	S	H	E	F	D	C	O	L	D	J	I	U	S	T
D	B	I	R	D	S	T	V	D	X	E	T	R	E	E	S
R	K	N	A	T	U	R	E	N	P	U	N	H	F	F	F
J	P	V	G	T	U	R	L	A	A	Z	P	S	N	O	W
E	I	J	W	B	M	Q	X	E	Q	N	B	I	X	P	Y
L	W	D	Q	C	M	G	B	X	T	A	R	K	L	R	J

BEAUTIFUL	LEAVES	PATH
BIRDS	LIGHT	ROOTS
BRANCHES	MIST	SNOW
COLD	MUSHROOMS	TREES
FOOTPRINTS	NATURE	WINTER

ICE SKATING

Y	P	R	U	Z	A	Y	C	P	A	R	T	N	E	R	M
E	J	W	E	E	N	P	U	S	W	S	X	W	F	K	D
Z	K	A	H	T	H	O	P	P	I	N	G	L	H	F	J
Z	C	O	U	P	L	E	S	Z	J	Z	R	A	Y	L	M
C	C	V	H	E	L	E	G	A	N	T	I	U	I	H	Z
H	W	W	O	S	T	P	T	M	M	P	N	G	R	X	S
I	R	I	C	P	T	Y	B	A	D	K	K	H	Z	D	U
L	Z	B	K	I	F	L	E	D	A	U	L	T	A	Q	I
D	U	G	E	N	C	G	S	R	A	Y	Q	E	K	P	Y
R	D	N	Y	N	G	L	I	D	I	N	G	R	A	E	R
E	K	D	V	I	F	D	P	C	W	K	C	O	B	L	J
N	N	L	A	N	W	F	G	A	E	G	Y	I	N	Z	P
L	P	A	A	G	O	A	E	O	R	O	I	G	N	Z	M
B	E	P	Y	O	E	S	A	A	N	K	N	M	N	G	J
S	B	O	O	T	S	T	T	I	F	S	X	Q	I	Y	R

BOOTS	FAST	LAUGHTER
CHILDREN	GLIDING	PARK
COUPLES	HOCKEY	PARTNER
DANCING	HOPPING	RINK
ELEGANT	ICE	SPINNING

WINTER OLYMPICS

B	B	X	Q	F	M	R	S	D	I	L	R	M	R	I	X
O	O	I	N	D	C	A	X	B	Y	U	A	I	N	S	R
L	B	S	S	V	H	Q	W	A	L	G	C	C	X	B	I
O	S	N	K	O	G	U	N	A	F	E	E	E	Z	Y	O
M	L	O	E	Q	L	O	W	K	R	E	F	H	X	H	H
V	E	W	L	J	L	Y	F	I	C	D	X	O	U	Y	E
K	D	B	E	H	Y	P	M	I	Z	Y	S	C	X	G	T
C	G	O	T	S	T	G	S	P	R	S	I	K	O	D	S
M	H	A	O	T	O	E	B	U	I	A	W	E	E	C	K
G	I	R	N	F	G	L	A	D	Z	C	F	Y	I	U	I
B	K	D	D	Y	T	D	O	M	W	Q	S	K	Q	R	L
T	S	K	A	T	I	N	G	Q	W	I	L	J	Q	L	L
Z	N	C	S	O	X	T	L	B	Z	O	Q	I	D	I	Q
N	L	B	Q	J	U	U	G	L	E	W	R	F	V	N	E
Q	S	K	I	I	N	G	E	V	P	R	Y	K	I	G	G

AWARDS	**LUGE**	**SKIING**
BIATHLON	**OLYMPICS**	**SKILL**
BOBSLED	**RACE**	**SNOWBOARD**
CURLING	**SKATING**	**SOLO**
ICE HOCKEY	**SKELETON**	**TEAMWORK**

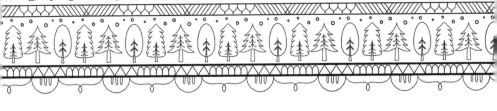

ICE HOCKEY

T	I	S	X	I	C	E	Y	C	T	N	O	P	D	F	B
E	G	X	U	F	I	X	B	O	R	N	R	M	E	G	B
A	O	D	A	F	G	V	H	L	I	O	X	N	F	V	F
M	A	G	T	E	I	S	G	S	N	X	M	U	E	U	H
A	L	D	E	B	S	R	V	N	K	X	X	K	N	H	Q
L	Y	D	H	X	T	P	O	L	Q	B	C	H	S	O	V
I	E	B	A	E	Q	H	E	T	N	U	T	N	E	C	I
A	P	A	O	M	L	F	P	E	P	P	D	B	S	K	C
A	Y	L	G	T	Y	M	B	Q	D	E	S	P	P	E	C
I	R	J	A	U	E	S	E	Z	K	N	E	P	O	Y	S
X	D	M	L	Y	E	M	N	T	Z	A	Y	T	R	O	C
U	R	C	S	T	E	L	B	U	B	L	T	J	T	E	C
B	O	H	A	A	Z	R	M	Q	R	T	K	U	E	V	H
S	V	K	F	L	K	I	S	F	C	Y	L	X	N	M	S
P	S	G	C	T	J	D	I	Q	E	H	C	U	Z	M	P

DEFENSE	LEAGUE	SHOT
GOAL	PENALTY	SKATES
HELMET	PLAYERS	SPEED
HOCKEY	PUCK	SPORT
ICE	RINK	TEAM

ROMANCE

K	G	W	C	M	Q	J	O	I	S	R	G	C	I	W	E
D	P	A	M	Z	C	E	C	V	G	N	P	E	V	I	T
Z	A	R	Z	O	C	W	A	M	I	D	D	Z	T	N	M
O	C	M	S	F	V	F	F	T	E	N	K	I	D	T	J
D	K	H	H	L	M	I	A	A	G	N	C	K	J	E	V
A	K	U	J	V	E	K	E	M	M	G	V	Z	K	R	Y
T	Z	G	D	L	S	I	C	N	N	I	G	Q	S	W	R
E	K	S	E	E	C	T	G	O	I	H	L	M	D	E	O
N	O	Z	C	K	C	C	V	H	U	G	L	Y	F	D	M
I	X	I	F	V	T	S	C	O	R	P	H	S	L	D	A
G	M	P	R	O	P	O	S	A	L	I	L	T	O	I	N
H	N	R	D	O	V	E	S	Q	Y	E	D	E	W	N	C
T	S	N	O	W	W	A	L	K	W	O	X	E	E	G	E
H	S	Z	A	Z	M	E	O	L	O	V	E	M	R	O	Q
O	J	C	M	C	H	O	C	O	L	A	T	E	S	P	Y

CHOCOLATES	FLOWERS	ROMANCE
COUPLE	ICE SKATING	SLEIGH RIDE
DATE NIGHT	LOVE	SNOW WALK
DOVES	MOVIE NIGHT	WARM HUGS
FAMILY	PROPOSAL	WINTER WEDDING

THANKSGIVING

F	C	B	Y	B	T	R	A	D	I	T	I	O	N	H	L
T	H	A	N	K	S	G	I	V	I	N	G	A	V	Z	P
S	V	I	G	A	A	N	D	J	X	D	W	F	H	R	Z
H	X	G	I	U	P	I	E	S	W	U	Z	Y	A	Z	W
A	H	O	M	E	X	H	A	E	J	B	V	T	P	Z	J
R	Q	V	S	W	T	W	T	K	Z	A	D	U	P	H	C
I	Z	N	T	M	C	Z	L	Z	R	I	F	R	I	W	S
N	D	F	R	G	V	A	Z	G	D	V	E	K	N	N	T
G	X	A	D	U	X	C	S	N	Y	P	K	E	E	V	U
J	W	U	U	E	M	C	O	S	W	M	Q	Y	S	F	F
G	Q	M	B	S	Q	U	H	O	E	M	X	M	S	A	F
H	A	X	Q	T	D	B	D	B	K	R	E	A	O	M	I
D	Q	M	Y	S	Y	Z	T	T	M	I	O	V	Q	I	N
Y	M	G	E	L	O	X	F	V	J	D	N	L	I	L	G
R	A	Z	V	S	B	C	W	G	C	L	K	G	E	Y	T

CASSEROLE	GUESTS	STUFFING
COOKING	HAPPINESS	THANKSGIVING
FAMILY	HOME	TRADITION
GAMES	PIES	TURKEY
GRAVY	SHARING	WARMTH

MEMORIES

D	K	O	P	D	E	C	O	R	A	T	I	O	N	S	D
Z	R	G	M	B	I	X	M	Z	S	L	I	A	G	O	W
F	E	G	B	N	C	P	Z	E	C	W	V	S	O	S	V
R	W	E	Z	G	Y	S	E	P	G	K	W	F	T	L	T
O	F	K	E	O	K	R	L	K	P	R	Y	M	D	G	M
S	F	D	H	X	T	V	D	U	Z	M	W	H	I	T	E
T	P	R	E	S	E	N	T	S	M	D	B	S	S	I	C
M	E	M	O	R	I	E	S	U	O	B	N	H	G	Y	M
V	J	X	G	Z	O	S	Y	C	V	E	I	S	N	O	W
Z	M	F	U	P	A	U	S	B	M	L	J	P	Z	K	C
H	R	B	F	R	I	E	N	D	S	T	N	L	Q	T	K
H	O	T	C	H	O	C	O	L	A	T	E	F	M	N	B
F	A	M	I	L	Y	R	V	S	H	O	P	P	I	N	G
A	E	B	C	E	L	E	B	R	A	T	I	O	N	U	U
B	P	M	D	B	Y	F	I	R	E	P	L	A	C	E	N

CELEBRATION	FROST	SHOPPING
DECORATIONS	HOT CHOCOLATE	SNOW
FAMILY	ICY	TREES
FIREPLACE	MEMORIES	WHITE
FRIENDS	PRESENTS	YUMMY FOOD

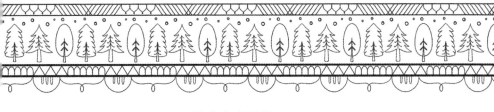

GAMES

I	L	C	K	R	S	W	L	S	S	X	G	I	U	T	Q
E	I	X	Y	D	O	U	G	K	H	B	C	R	S	R	P
T	E	X	R	A	X	N	S	I	Z	X	A	W	J	I	T
O	H	A	Z	X	H	E	B	Q	B	P	K	N	P	V	E
T	C	A	L	V	D	T	D	O	M	I	N	O	S	I	C
C	N	S	W	A	S	Q	Z	T	F	C	Z	T	C	A	O
Z	Q	L	R	S	F	S	S	E	C	T	U	I	E	G	P
E	V	A	U	R	I	S	K	I	E	I	P	U	U	A	E
K	H	S	C	R	A	B	B	L	E	O	C	X	W	M	R
C	Y	P	T	Q	F	M	V	E	F	N	L	X	C	E	A
E	V	J	X	A	C	P	D	W	X	A	U	H	H	S	T
B	A	T	T	L	E	S	H	I	P	R	E	B	E	T	I
B	J	J	W	D	U	U	T	A	S	Y	J	T	S	I	O
O	G	D	T	L	N	B	X	H	L	V	I	O	S	K	N
M	O	N	O	P	O	L	Y	S	T	R	A	T	E	G	O

BATTLESHIP   DOMINOS   SCRABBLE

CARDS   MONOPOLY   STRATEGO

CHARADES   OPERATION   TRIVIA GAMES

CHESS   PICTIONARY   UNO

CLUE   RISK   YAHTZEE

WINTER SPORTS

S	N	O	W	B	O	A	R	D	I	N	G	C	G	S	F
Y	T	X	P	A	H	D	J	L	Y	Q	G	H	Z	I	I
I	C	E	H	O	C	K	E	Y	R	N	G	Q	I	L	I
C	U	R	D	K	C	U	R	L	I	N	G	S	C	G	C
E	A	K	J	H	N	Q	Z	N	I	T	O	N	E	S	E
D	T	Q	D	U	Y	H	A	L	D	J	F	O	S	K	F
A	U	Q	E	C	Z	G	I	W	S	K	R	W	K	I	I
N	K	O	B	Q	G	B	P	L	A	W	Z	G	A	J	S
C	Q	W	S	O	O	E	L	P	J	I	K	O	T	U	H
I	H	P	B	M	N	R	V	U	S	I	I	L	I	M	I
N	A	O	W	K	H	W	D	S	G	K	N	F	N	P	N
G	T	O	N	H	O	D	W	A	E	E	I	T	G	I	G
A	N	U	P	S	L	E	D	D	I	N	G	I	S	N	Z
S	F	B	H	P	S	N	O	W	B	I	K	I	N	G	J
X	D	B	S	N	O	W	W	A	L	K	S	S	M	G	J

CURLING	**LUGE**	**SNOW GOLF**
ICE DANCING	**SKI JUMPING**	**SNOW WALKS**
ICE FISHING	**SKIING**	**SNOWBOARDING**
ICE HOCKEY	**SLEDDING**	**SNOWMOBILING**
ICE SKATING	**SNOW BIKING**	**TOBOGGANING**

TREAT YOURSELF!

Y	F	B	U	B	B	L	E	B	A	T	H	A	M	S	M
S	F	L	K	N	K	C	H	O	C	O	L	A	T	E	N
H	W	Q	Y	R	F	R	B	C	K	Z	C	L	F	C	K
W	Z	E	D	X	P	E	K	L	V	H	V	R	L	I	N
X	P	N	E	Y	H	T	A	O	J	O	V	E	I	A	T
Z	R	F	I	T	U	A	K	T	E	L	X	W	V	J	A
G	E	G	N	T	S	I	Z	H	K	I	C	A	D	O	V
Z	S	G	D	R	J	L	G	E	H	D	A	R	X	E	U
W	E	I	U	E	L	T	B	S	V	A	R	D	F	H	E
R	N	F	L	A	F	H	A	R	D	Y	L	V	O	Q	T
E	T	T	G	T	K	E	Z	T	E	Q	G	A	M	E	S
L	S	S	E	S	G	R	S	A	K	A	H	V	J	R	C
A	R	O	N	G	M	A	L	R	I	Q	K	Z	M	W	Z
X	Q	H	C	V	E	P	X	P	O	X	I	E	E	B	F
O	I	A	E	Y	A	Y	C	P	P	J	C	A	B	K	Q

BUBBLE BATH	**GAMES**	**RELAX**
BREAK	**GIFTS**	**RETAIL THERAPY**
CAR	**HOLIDAY**	**REWARD**
CHOCOLATE	**INDULGENCE**	**SWEETS**
CLOTHES	**PRESENTS**	**TREATS**

WINTER WEDDING

Y	C	F	L	X	E	X	F	L	O	W	E	R	S	W	C
V	S	N	O	W	F	L	A	K	E	S	K	G	T	T	K
C	L	V	L	O	D	J	Z	C	J	I	N	Z	E	M	E
V	A	Q	Q	O	M	E	P	N	H	I	H	U	O	V	Y
E	E	Z	C	W	B	A	C	R	R	U	Q	O	M	V	B
O	B	I	H	A	D	X	G	A	V	N	R	A	K	V	K
S	U	O	L	O	N	O	T	I	A	G	L	C	F	I	Q
V	V	Y	U	Q	U	D	V	B	C	C	Q	Q	H	N	E
S	H	Q	N	Q	J	F	L	E	U	A	G	F	A	Q	H
F	P	L	R	I	U	G	G	E	S	C	L	M	S	L	K
A	I	H	F	G	X	E	A	J	S	N	T	Q	N	G	X
M	E	T	G	J	O	N	T	O	E	S	U	E	Q	L	M
I	W	S	O	O	D	Z	X	K	E	F	E	I	F	N	W
L	V	B	C	S	F	W	Z	B	O	K	B	R	I	D	E
Y	M	D	P	G	B	R	I	D	E	S	M	A	I	D	S

BANQUET	CANDLES	GROOM
BEST MAN	CHURCH	MAGICAL
BOUQUET	DOVES	RINGS
BRIDE	FAMILY	SNOWFLAKES
BRIDESMAIDS	FLOWERS	VEIL

PEACE

O	M	M	C	J	Z	A	M	C	Y	F	Z	J	O	Y	K
D	S	E	K	Y	V	O	J	O	P	W	P	E	A	C	E
R	V	D	B	L	I	S	S	N	O	E	E	F	O	N	T
S	B	I	Q	D	B	Q	Q	T	T	Z	V	S	P	I	U
T	J	T	N	T	E	M	H	E	R	G	E	E	K	C	N
I	S	A	U	R	Q	O	A	N	A	R	M	R	C	N	I
L	C	T	Q	S	U	H	P	T	N	E	F	E	A	F	T
L	B	I	G	V	I	E	P	M	Q	L	H	N	L	M	Y
N	U	O	H	I	L	K	I	E	U	A	C	I	M	Q	S
E	X	N	J	F	I	E	N	N	I	X	O	T	N	Q	G
S	F	K	X	T	B	W	E	T	L	A	M	Y	K	W	N
S	R	E	S	T	R	C	S	E	I	T	F	S	L	I	F
Y	E	K	G	Q	I	F	S	N	T	I	O	Z	O	P	D
R	N	N	W	R	U	A	M	X	Y	O	R	F	V	X	V
Z	U	F	V	H	M	I	A	Z	R	N	T	G	E	Y	V

BLISS	**HAPPINESS**	**REST**
CALM	**LOVE**	**SERENITY**
COMFORT	**MEDITATION**	**STILLNESS**
CONTENTMENT	**PEACE**	**TRANQUILITY**
EQUILIBRIUM	**RELAXATION**	**UNITY**

SCENTED CANDLES

B	A	J	I	S	K	A	B	D	H	A	E	I	V	E	I
K	I	M	Z	I	G	W	Z	O	K	C	E	T	N	Y	M
O	C	A	B	H	C	S	Z	M	I	L	E	I	E	C	I
V	X	T	V	E	E	Y	X	P	P	K	P	D	Y	I	F
Y	G	Q	G	I	R	G	S	P	N	R	Y	M	S	N	C
C	X	A	K	N	W	R	A	A	E	N	C	E	A	N	H
C	Y	O	N	J	E	D	L	T	B	M	I	L	S	A	E
O	O	V	F	T	E	B	N	V	R	R	L	C	U	M	R
C	O	N	N	C	Y	I	B	M	R	I	Q	Z	G	O	R
O	R	I	I	Z	W	O	G	E	N	H	U	M	A	N	I
N	W	P	O	F	H	P	B	A	D	I	D	Z	R	V	E
U	S	C	F	Y	J	O	V	Z	V	K	F	R	P	C	S
T	F	I	G	G	Y	P	U	D	D	I	N	G	L	C	X
V	S	A	E	W	A	J	A	S	M	I	N	E	U	A	C
O	R	A	N	G	E	Y	J	Q	Y	F	B	E	M	W	D

AMBER	COOKIES	SPICED APPLE
BERRIES	COZY BLANKET	SUGAR PLUM
CHERRIES	FIGGY PUDDING	VANILLA
CINNAMON	JASMINE	WINTER PINE
COCONUT	ORANGE	WINTER SPICE

SPICES

F	M	C	R	R	B	L	E	M	C	Q	T	G	X	H	P
R	Z	F	A	R	C	E	X	L	G	X	A	R	Y	B	L
A	L	S	K	R	C	T	C	A	R	D	A	M	O	M	C
N	W	L	T	A	A	T	G	I	N	G	E	R	Y	W	X
K	L	Z	M	A	S	W	A	L	L	S	P	I	C	E	O
I	E	C	G	M	R	A	A	M	C	U	M	I	N	V	M
N	R	N	I	O	O	A	G	Y	Z	V	M	Z	M	K	A
C	X	V	K	N	R	Y	N	E	S	H	D	R	G	A	R
E	P	R	A	V	N	D	W	I	G	E	Q	I	C	C	O
N	Z	P	R	A	O	A	O	M	S	A	E	O	Y	L	S
S	P	W	C	N	H	A	M	O	F	E	I	D	R	W	E
E	O	R	L	I	L	I	C	O	R	I	C	E	L	G	M
R	P	C	O	L	X	G	K	Z	N	I	K	P	Z	Y	A
E	L	Z	V	L	T	K	N	U	T	M	E	G	K	I	R
H	R	J	E	A	V	X	R	M	T	G	D	F	N	U	Y

ALLSPICE	CUMIN	NUTMEG
CARAWAY SEED	FRANKINCENSE	ROSEMARY
CARDAMOM	GINGER	SAGE
CINNAMON	LICORICE	STAR ANISE
CLOVE	MACE	VANILLA

LOVE IS IN THE AIR

J	F	P	F	L	L	M	A	F	F	E	C	T	I	O	N
S	G	H	X	T	O	Y	E	A	R	N	I	N	G	D	L
C	Y	W	K	T	V	U	R	L	O	Q	M	B	A	U	S
F	W	V	Y	J	E	E	E	I	Y	A	M	O	U	R	K
O	F	P	L	Y	C	V	T	S	A	F	V	M	N	H	U
N	R	J	O	R	N	O	D	J	T	R	Y	O	T	V	F
D	I	J	A	U	V	P	T	R	R	E	I	L	S	A	I
N	E	Q	W	E	Y	A	M	J	U	S	D	I	C	E	R
E	N	H	D	N	Y	Q	U	S	S	P	Z	M	G	C	S
S	D	O	V	F	W	R	F	A	T	E	Q	H	Z	H	T
S	S	N	S	R	I	I	P	O	G	C	J	B	Q	N	L
J	H	E	S	R	W	Q	H	R	J	T	H	E	P	K	O
Z	I	S	U	H	R	R	O	M	A	N	C	E	A	X	V
Y	P	T	A	F	R	S	N	Z	G	U	J	H	L	W	E
R	D	Y	N	N	U	R	A	P	T	U	R	E	V	F	E

AFFECTION	**FRIENDSHIP**	**RAPTURE**
AMOUR	**HONESTY**	**RESPECT**
DEVOTION	**JOY**	**ROMANCE**
FIRST LOVE	**LOVE**	**TRUST**
FONDNESS	**PASSION**	**YEARNING**

TEA TASTING

J	X	L	N	E	D	E	L	S	A	Q	T	M	R	C	O
T	G	C	W	A	E	B	A	S	U	Y	T	Q	D	H	O
K	K	S	C	T	T	P	O	H	T	S	M	F	K	A	L
R	M	P	I	V	D	Z	M	W	G	P	T	H	Q	M	O
O	J	H	E	T	Y	E	L	L	O	W	Z	K	S	O	N
O	W	A	T	P	B	L	V	E	L	N	H	F	C	M	G
I	W	N	S	V	P	A	E	O	Z	N	A	Y	M	I	I
B	W	C	L	M	H	E	I	M	E	Z	R	Y	S	L	N
O	Y	O	M	C	I	Y	R	E	O	Z	F	E	R	E	G
S	B	A	T	W	M	N	R	M	N	N	B	R	D	S	E
Q	Z	A	F	M	N	G	E	F	I	M	G	L	U	M	R
R	M	J	P	C	S	C	P	U	Q	N	H	R	A	I	S
F	U	R	E	Z	I	F	H	Z	F	S	T	N	A	C	T
E	A	R	L	G	R	E	Y	A	I	K	D	H	Q	S	K
P	V	V	C	I	N	L	X	P	I	D	M	K	U	U	S

BLACK	GINGER	OOLONG
CHAI	GREEN	PEPPERMINT
CHAMOMILE	JASMINE	ROOIBOS
EARL GREY	LEMONGRASS	WHITE
FRUIT	MATCHA	YELLOW

ARTS AND CRAFTS

A	W	O	O	D	W	O	R	K	G	P	Q	B	U	C	F
J	C	P	A	I	N	T	I	N	G	E	K	H	W	R	E
B	E	A	D	R	J	B	I	Y	D	P	K	O	Y	K	Y
C	T	N	L	Y	X	K	O	N	N	R	Q	I	Q	G	V
E	S	V	G	L	A	A	R	S	O	Y	E	T	N	C	H
R	P	L	M	M	I	J	J	W	E	Q	Y	I	Y	S	O
A	J	O	D	W	I	G	R	W	V	W	W	F	Y	K	K
M	J	R	T	S	S	E	R	I	A	A	I	R	R	J	N
I	A	W	S	T	H	K	M	A	R	E	L	N	D	K	I
C	W	A	B	T	E	A	P	D	P	E	P	E	G	X	T
S	L	A	A	R	G	R	G	J	W	H	H	E	H	V	T
G	N	E	E	I	D	K	Y	E	Z	J	Y	U	I	B	I
V	L	A	R	L	S	K	J	P	V	V	L	X	K	B	N
C	R	O	C	H	E	T	B	H	B	T	N	L	A	S	G
T	V	F	F	L	O	W	E	R	C	R	A	F	T	S	X

CALLIGRAPHY	FLOWER CRAFTS	ORIGAMI
CARD MAKING	GLASS	PAINTING
CERAMICS	JEWELRY	POTTERY
CROCHET	KNITTING	SEWING
DRAWING	LEATHERWORK	WOODWORK

DATE NIGHT

X	B	R	V	P	M	O	V	I	E	N	I	G	H	T	C
T	D	O	Z	I	C	E	S	K	A	T	I	N	G	S	V
A	R	O	A	X	N	T	A	K	E	O	U	T	S	N	L
H	L	E	U	R	I	R	G	K	R	Y	Z	H	D	O	H
O	Q	V	D	C	D	N	G	E	B	T	C	Q	W	W	S
C	W	T	V	R	I	G	N	T	G	M	G	Q	Z	Y	L
K	S	B	E	L	M	N	A	N	J	V	W	I	D	W	E
E	V	D	W	L	I	R	I	M	D	U	H	H	A	A	I
Y	W	O	O	D	E	K	C	S	E	I	Q	Q	N	L	G
G	B	Y	M	T	O	N	R	O	P	S	I	E	C	K	H
A	L	V	A	O	L	B	U	D	N	A	D	Z	I	Q	R
M	N	E	C	V	B	M	V	Q	Q	C	H	U	N	L	I
E	H	O	B	I	C	A	K	Y	T	I	E	L	G	G	D
T	A	T	L	L	O	X	R	N	J	A	R	R	I	Q	E
E	E	D	A	V	U	H	P	F	W	R	N	Z	T	B	M

BAR   DANCING   SLEIGH RIDE

BOARD GAMES   DINNER   SNOWY WALK

BOWLING   HOCKEY GAME   SPA

CONCERT   ICE SKATING   TAKEOUT

COOKING   MOVIE NIGHT   THEATER

PARTY TIME!

D	R	E	S	S	I	N	G	U	P	I	S	Q	L	Q	Y
J	B	K	C	E	L	E	B	R	A	T	I	N	G	E	T
U	S	G	P	R	I	Q	H	J	C	T	N	G	L	F	F
M	R	O	J	X	E	D	J	L	A	U	G	H	I	N	G
P	P	J	H	U	O	U	A	L	X	F	I	W	O	E	Y
I	Z	A	I	U	R	S	N	N	O	H	N	A	F	O	D
N	K	H	R	H	G	R	S	I	C	N	G	G	W	J	R
G	F	C	G	T	H	G	L	P	T	I	N	C	G	A	I
A	L	A	F	X	Y	O	I	K	V	I	N	O	R	S	N
N	I	G	H	J	U	I	G	N	K	M	N	G	E	J	K
R	R	U	Q	I	O	N	N	C	G	E	E	G	E	X	I
G	T	K	E	S	A	K	A	G	H	S	B	I	T	Y	N
Y	I	W	I	U	K	N	I	B	I	R	I	D	I	X	G
V	N	M	P	Q	S	D	X	N	D	H	C	A	N	O	N
F	G	E	A	T	I	N	G	G	G	N	M	Z	G	O	U

CELEBRATING	FLIRTING	LAUGHING
DANCING	GREETING	PARTYING
DRESSING UP	HUGGING	REUNITING
DRINKING	JOKING	SINGING
EATING	JUMPING	SNACKING

POETRY

C	E	T	R	A	Y	I	W	G	C	W	X	L	Z	G	E
A	R	W	K	O	G	B	N	L	G	F	E	E	C	L	B
R	G	A	C	O	X	I	G	Y	S	Z	R	T	U	W	Y
R	Q	I	T	V	L	Z	P	X	E	A	V	T	M	N	R
O	W	N	J	P	U	W	T	O	E	A	O	L	M	D	O
L	I	C	I	E	R	F	O	P	O	I	T	Y	I	K	N
L	L	K	S	J	M	D	S	R	L	Q	V	S	N	Y	O
B	D	Q	N	U	M	E	I	E	D	N	E	O	G	I	D
E	E	G	Z	R	K	P	R	C	O	S	U	K	S	D	F
O	G	X	T	A	U	V	K	S	K	D	W	N	F	U	I
E	J	K	H	V	W	H	Y	E	O	I	F	O	I	B	T
Q	E	S	X	W	E	N	A	P	A	N	N	L	R	Y	Z
P	D	O	V	B	N	H	P	R	X	T	L	S	C	T	D
G	L	H	P	E	V	D	M	A	D	L	S	N	O	U	H
B	S	S	T	X	W	H	I	U	H	Y	Y	Y	V	N	T

BYRON	EMERSON	TENNYSON
CARROLL	HARDY	TWAIN
CUMMINGS	KEATS	WILDE
DICKINSON	KIPLING	WORDSWORTH
ELIOT	SHAKESPEARE	YEATS

GLITZ AND SPARKLE

C	D	C	S	P	F	W	C	M	W	N	N	J	C	N	B
R	R	C	X	E	W	I	W	D	Z	P	E	D	K	Y	D
Z	E	I	H	J	Q	H	L	L	K	S	C	A	R	G	I
D	S	E	F	C	Q	U	N	F	D	H	K	O	W	G	A
E	S	M	O	L	T	O	I	I	X	O	L	F	O	N	M
A	Y	A	I	I	Y	W	A	N	H	E	A	I	E	A	O
R	K	P	L	G	P	V	Z	Q	S	S	C	R	N	I	N
R	G	F	T	H	R	I	K	E	O	O	E	E	T	L	D
I	L	L	L	T	C	A	N	D	L	E	S	W	U	V	S
N	I	F	A	S	E	J	O	B	X	M	C	O	W	A	J
G	T	D	D	S	N	N	S	D	I	S	T	R	V	R	X
S	T	N	N	G	S	X	S	U	L	M	F	K	G	N	R
K	E	P	G	L	N	S	O	J	C	R	N	S	P	I	E
G	R	S	N	Y	M	S	T	A	R	S	J	W	Z	S	W
C	X	O	X	J	A	R	I	N	G	S	D	P	S	H	N

CANDLES	**FOIL**	**NECKLACE**
DIAMONDS	**GLASS**	**RINGS**
DRESS	**GLITTER**	**SEQUINS**
EARRINGS	**LIGHTS**	**SHOES**
FIREWORKS	**NAIL VARNISH**	**STARS**

COZY

SOLUTIONS

Page 3

Page 5

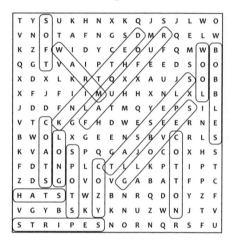

Page 7

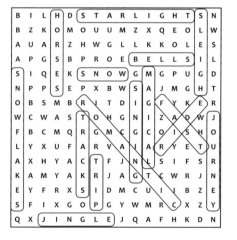

Page 9

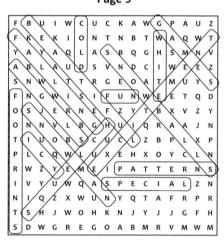

Page 11

Page 13

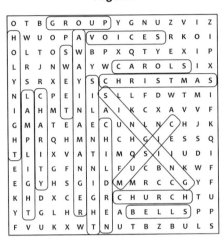

Page 15

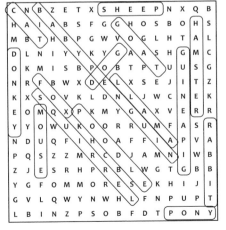

Page 17

Page 19

Page 21

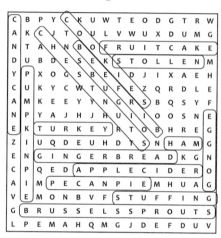

Page 23

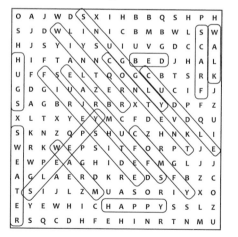

Page 25

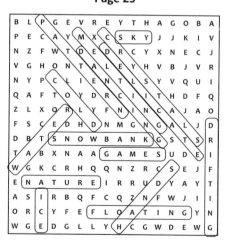

Page 27

```
Q K P I N O T G R I G I O O N D
O P R H S A N G I O V E S E M R
N I S B B N U D X K D V R G E X
W N C H A R D O N N A Y I T R J
V O K M V C H I A N T I E T L U
V T K C F J N U B U W D S O O M
E N P H A Z T X J X H S L R T Q
U O P A K E L U Q H I O I O L D
Y I Q M N L K O G Z T N N S C S
S R S P T R M Q A B E J G E J S
S T E A Z C I R K X Y S M J V Y
K A I G W K I M A L B E C W C R
C X Z N V H Q R E D E F J N A A
O C R E S O F A Y D Y Q P I V H
M T E M P R A N I L L O A I A U
```

Page 29

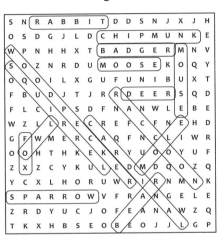

```
S N R A B B I T D D D S N J X J H
O S D G J L D C H I P M U N K E
W P N H H X T B A D G E R M N V
S O Z N R D U M O O S E K O Q Y
O Q O I L X G U F U N I B U X T
F B U D J T J R D E E R S Q D
F L C I P S D F N A N W L E B E
W Z L L R E C R E F C F N E H D
G F W M E R C A Q F N C L I W
O O H T H K E K R Y U O O Y U F
Z X X Z C Y K U L E D M D Q O Z Q
Y C X L H O R U W R I R N M N K
S P A R R O W V F R A N G E L E
Z R D Y U C J O F E A N A W Z Q
T K X H B S E O B E O J J L G P
```

Page 31

```
T Q O W G T L S Y A R A B T Z C
G W M J U F P T D C O Z K Z N K
S L E Y O L R A D Q F L A M E H
A V O T R A N Q U I L I T Y T R
B S P W B R I G H T Q E R M M C
O C G I D A L G A P L E R Q O Z
B E G D A V O E S V Y A S J W O
A N W I S H H Y D A W A X R D P
U T C S W C W X R O C N A T B F
Z E A U I C U P E L I G H T R L
M D N A J V W X W U B N Y R I I
Q N K M L Y O Y Z H A Y B F L K
A W L N S J O S H I N E B F L K
Z B E G A P E S X U G I G R H E
V Q G C E L E B R A T I O N C R
```

Page 33

```
I N K W X S X L V Y S S S G G P
W Z J T S E L N C C C W B D V T
H H P S Q A D D M B A W J M R H
I F J O O L Z O U S R G Z F W I
T B B C K F W N E E F M M O X C
E Q B P R X E Z T E P H N K Z S
V V H A T R Y C K S Q S Q Q P T
V Z R X D K A C L W U P I G M I
L W O L B R S L A O L A T A S C
H D I Z A N A D Z R Y N P O N K
E H F H O B E K D W R H N T O S
C B C T W L C C I P N O F D W O
U P T O I P O Q X R Q A T R M N
O U N M H G L O V E S C S M A N
B S S W I U K F R O S T Y B N W
```

Page 35

```
Y H F F M U C N A R A Q P O S E
Z U V B S M O K E S J X K K Q B
D E C O R A T I O N O T R X P C
J O P K O U X J W K J A O L A E
A E H D U A F I R E P L A C E E
S F O F N K C X A S B E M U G C
T C T L X L O T H A K F H N J S
O H O A Q T N W B T B C A B L Y
C E F M W A Y K J J T R M A G K
K R R E S S F W U A O U O C G L
I K A S G W P O M Q D C F J A G
N D M B H B G O D A Q N J D T U
G V E M Z P H D B F A M I L Y V
S S S L F I R E S T A R T E R I
C O T B M A R S H M A L L O W S
```

Page 37

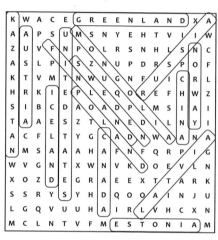

```
K W A C E G R E E N L A N D X A
A A P S U M S N Y E H T V I I W
Z U V F N P O L R S N H L S N C
A S L P I S Z N U P D R S P O F
K T V M T N W U G N F U I C R L
H R K I E P L E Q O R E F H W Z
S I B C D A O A D P L M S I A I
T A A E S Z T L N E D I L N Y I
A C F L T Y G A D N W A A N A A
N M S A A A H A F N F Q R P I G
W V G N T X W N V K D O E V L N
X O Z D E G R A E E X T T A R K
S S R Y S Y H D Q O O A I N J U
L G Q V U U H A I R L V H C X N
M C L N T V F M E S T O N I A M
```

Page 39

```
Q S C H A I R L I F T U R K U K
S N O W X I O B I Z Z S C Q C X
H W R Z L K E O I W C L H N Z S
O D S P W N H G H R D O A P G N
T F S N O W B O O T S P L X F O
C E O H C S L T Y C W E E I H W
H S K I S M A L H R D S T N F B
O D R X T N O L S E K A U S R O
C X H Y D F D U O K R I U L L A
O F J N C S S U N P I M N K Y R
L A P C S E N G V T E P A F Y D
A V Z O L N X Y L L A T A L B D
T P J O Y A U E K I I I T S S G
E C P D T N B U D D D M N E S Q
Z S G O G G L E S O U E S S F
```

Page 41

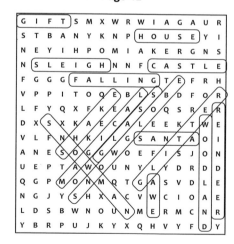

```
G I F T S M X W R W I A G A U R
S T B A N Y K N P H O U S E Y I
N E Y I H P O M I A K E R G N S
N S L E I G H N N F C A S T L E
F G G G F A L L I N G T E F R H
V P P I T O Q E B L S B D F O R
L F Y Q X F K E A S O Q S R E R
D X S X K A E C A L E E K T W E
V L F N H K I L G S A N T A O I
A N E S O G G W O E F I S J O N
U E P T A W O U N Y L Y D R D D
Q G P M O N M Q T G A S V D L E
N G J Y S H X A C V W C I O A E
L D S B W N O U N M E R M C N R
Y B R P U J K Y X Q H V V Y F D Y
```

Page 43

```
Z K X P O V G P M M U N G S H T
L C E L E B R A T I O N K X W M
Y Z L C J U T H P F Q P P O E D
C O L O R F U L K K T X X N K D
T G S X I S C G U O P S O B V X
I V T G C N A S L C Q H H U R S
S S A B S P P B Z I T A G T I R
S T P O Q T A B A G T U K P J D
U R E W E S R Y B F A T P G T R
E I X B Y P S I T Q F I E G H H
P P Z Q Z O P R N T A G C R D K
A E N C M T T C C G Z W T X Y X
P D S P Q T R I B B O N J V Z P
E B O X D E G P T F F K Y F R B
R I C O L D P R E S E N T P I N
```

Page 45

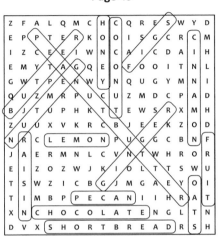

```
Z F A L Q M C H C Q R E S W Y D
E P P T E R K O O I S G C R C M
I Z C E E I W N C A I C D A I H
E M Y T A G Q E O F O O I T N L
G W T P E N W Y N Q U G Y M N I
Q U Z M R P U C U Z M D C P A D
B J T U P H K T T E W S R X M H
Z U U X V K R C B J E E K Z O D
N R C L E M O N P U G G C B N F
J A E R M N L C V N T W H R O R
E I Z O Z W J K I O L T T S W U
T S W Z I C B G J M G A E Y O I
T I M B P P E C A N I I H R A T
X N C H O C O L A T E N G L T N
D V X S H O R T B R E A D R S H
```

Page 47

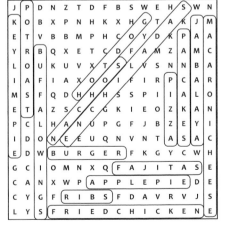

```
J P D N Z T D F B S W E H S W N
K O B X P N H K X H G T A K J M
E T V B B M P H C O Y D K P A A
Y R B Q X E T C D F A M Z A M C
L O U K U V X T S L V S N N B A
I A F I A X O O I F I R P C A R
M S F Q D H H H S S P I I A L O
E T A Z S C C G K I E O Z K A N
P C L H A N U P G F J B Z E Y I
I D O N E U Q N V N T A S A C
E D W B U R G E R F K G Y C W H
G C I O M N X Q F A J I T A S E
C A N X W P A P P L E P I E D E
C Y G F R I B S F D A V R V J S
L Y S F R I E D C H I C K E N E
```

Page 49

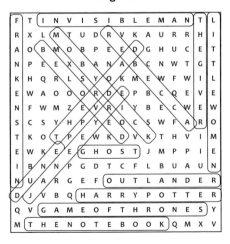

```
F T I N V I S I B L E M A N T L
R X L M T U D R V K A U R R H I
A O B M O B P E E D G H U C E T
N P E E X B A N A B C N W T G T
K H Q R L S Y O K M E W F W I L
E W A O O R D E P B C Q E V E
N F W M Z E V R I Y B E C W E W
S C S Y H P Y E O C S W F A R O
T K O T P E W K D V K T H V I M
E W K E E G H O S T J M P P I E
I B N N P G D T C F L B U A U N
N U A R G E F O U T L A N D E R
D J V B Q H A R R Y P O T T E R
Q V G A M E O F T H R O N E S Y
M T H E N O T E B O O K Q M X V
```

Page 51

```
L G M D E C K T H E H A L L S T
B F W T H I S C H R I S T M A S
L E I D V J E L W B R H Y A L S
U L L M X O I Q E C T O W L K N
E I A E L O A N H I B A E O F O
C Z H Z T M H I G R G B V U L E
H N A Z H I S O E L R H R P T L
R A P C Q A T M L E E S R T T P
I V P D P P M S X Y P B P I X Q
S I Y D C U L L N D N P E U D Z
T D X K R F I Q J O N I J L B E
M A M D C S C K E T W L G X L M
A D A M I S T L E T O E N H D S
S H S R S A N T A B A B Y S T B
Q C L A S T C H R I S T M A S H
```

Page 53

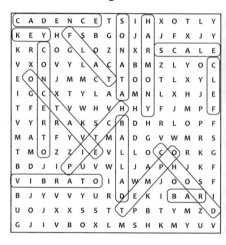

```
C A D E N C E T S I H X O T L Y
K E Y H F S B G O J A J F X J Y
K R C O G L O Z N X R S C A L E
V X O V Y L A C A B M Z L Y O C
E O N J M M C T T O O T L X Y L
I G C X T Y L A A M N L X H J E
T F E T V W H V H H Y F J M P F
V Y R R A K S C B D H R L O P F
M A T F Y V T M A D G V W M R S
T M O Z Z I E V L L O C O R K G
B D J I P U V W L J A P H J K F
V I B R A T O I A W M J O O S F
B J V V V Y U R D E K I B A R J
U O J X X S S T T P B T Y M Z D
G J I V B O X L M S H K M Y U V
```

Page 55

```
H F I R E P L A C E O M B K Q S
H Z J N O T I L F Z K Z O Q C G
S A N T A C L A U S S K T J V Q
R F Y G S A R I M R S C L A U S
N O R T H P O L E T Y H D M E W
W W U I B U R S B J S I D P L B
S O O R I L J E Z D P L Y J V H
N R Y E A Q S Y S Y V K E U E R
O K F I C T Z I C E U U K I S I
W S D N Y Y E M H P N C W H G S
M H L D F C T E C J A T X B H H
A O S E B E L L S S L C S K R E
N P E E R Z Z A C X Y H K G W G
N P S R T R L Y U V L I G H T S
C A N D Y C A N E S V V D N H F
```

Page 57

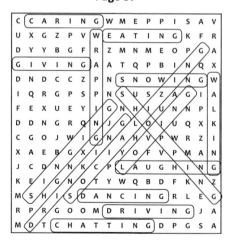

```
C C A R I N G W M E P P I S A V
U X G Z P V W E A T I N G K F R
D Y Y B G F R Z M N M E O P G A
G I V I N G A A T Q P B I N Q X
D N D C C Z P N S N O W I N G W
I Q R G P S P N S U S Z A G I A
F E X U E Y I G N H I U N N P L
D D N G R O N J G L O I U Q X K
C G O J W I G N A H V P W R Z I
X A E B G X I I Y O F V P M A N
J C D N N K C P L A U G H I N G
K E I G N O T Y W Q B D F K N Z
M S H I S D A N C I N G R L E G
R P R G O O M D R I V I N G J A
M D T C H A T T I N G D P G S A
```

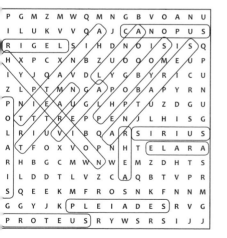

Page 59

```
A C R C Q V U Q L C Z Y H P G E
P N A Y Y L Q X D B T H C S I Q
I J Q K A W T A V N Q G P N F Q
P F W F K M A T L L T R W A T C
E P C A L E I L I G V Z G C G Q
T P E Q O A P J K B T C A K I L
S X L S V S N J S S I O M I V M
X K E P E I W I I T M O E N I I
I Z B Q K P Q O N X E K S G N S
J Z R U W P J M G Q Z I W S G H
O K A T L C H U I A R N J I O A
K R T B W R R G N G I G U E H P
E P I B X Z N N G Y K G J E R S
S L N D I N N E R T A L K I N G
L L G M C M U S I C V U Q M W W
```

Page 61

```
X M O T H E R S D A Y C A D J G
S T P A T R I C K S D A Y E T Z
M E M O R I A L D A Y N E K H T
G F Q O B E L M C N Y B S R A N
O A A A T T I O A L F A A L N H
O T Q E J A W H P Z M E K A K A
D H S A J E P N Y T Y V D B S L
F E A S A I O M S W C Z O O G L
R R P T P O P I E J T X X R I O
I S J E A C R N O A L O X D V W
D D Z R O H H S Y M H X I A I E
A A Y N C S K H B N V C Z Y N E
Y Y L I N C O L N S D A Y K G N
S O V A L E N T I N E S D A Y G
I N D E P E N D E N C E D A Y U
```

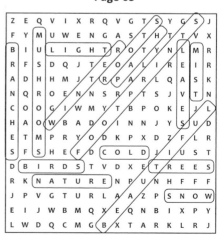

Page 63

```
P G M Z M W Q M N G B V O A N U
I L U K V V Q A J C A N O P U S
R I G E L S I H D N O I S I S Q
H X P C X N B Z U O O M E U P
I Y J O A V D L Y G B Y R I C U
Z L P T M N G A P O B A P Y R N
P N I E A U G L H P T U Z D G U
O T T R E P P E N J L H I S G
L R I U V I B Q A R S I R I U S
A T F O X V O P N H T E L A R A
R H B G C M W N W E M Z D H T S
I L D D T L V Z C A Q B T V P R
S Q E E K M F R O S N K F N N M
G G Y J K P L E I A D E S R V G
P R O T E U S R Y W S R S I J J
```

Page 65

```
Z E Q V I X R Q V G T S Y G S J
F Y M U W E N G A S T H T T V X
B I U L I G H T R O T Y N L M R
R F S D Q J T E O A L I R E I R
A D H H M J T R P A R L Q A S K
N Q R O E N N S R P T S J V T N
C O O G I W M Y T B P O K E L J
H A O W B A D O I N N J Y S U D
E T M P R Y O D K P X D Z F L R
S F S H E F D C O L D J I U S T
D B I R D S T V D X E T R E E S
R K N A T U R E N P U N H F F F
J P V G T U R L A A Z P S N O W
E I J W B M Q X E Q N B I X P Y
L W D Q C M G B X T A R K L R J
```

Page 67

Page 69

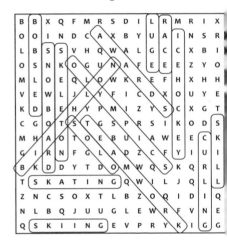

Page 71

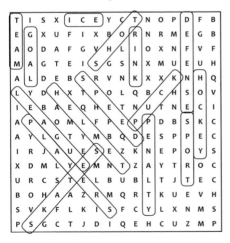

Page 73

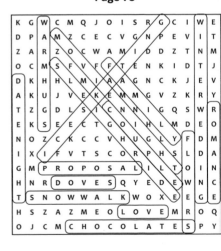

Page 75

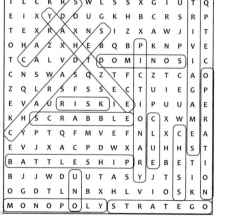

```
F C B Y B T R A D I T I O N H L
T H A N K S G I V I N G A V Z P
S V I G A A N D J X D W F H R Z
H X G I U P I E S W U Z Y A Z W
A H O M E X H A E J B V T P Z J
R Q V S W T W T K Z A D U P H C
I Z N T M C Z L Z R I F R I W S
N D F R G V A Z G D V E K N N T
G X A D U X C S N Y P K E E V U
J W U U E M C O S W M Q Y S F F
G Q M B S Q U H O E M X M S A E
H A X Q T D B D B K R E A O M I
D Q M Y S Y Z T T M I O V Q I N
Y M G E L O X F V J D N L I L G
R A Z V S B C W G C L K G E Y T
```

Page 77

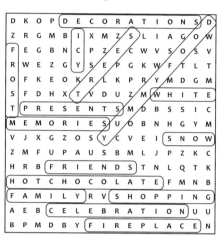

```
D K O P D E C O R A T I O N S D
Z R G M B I X M Z S L I A G O W
F E G B N C P Z E C W V S O S V
R W E Z G Y S E P G K W F T L T
O F K E O K R L K P R Y M D G M
S F D H X T V D U Z M W H I T E
T P R E S E N T S M D B S S I C
M E M O R I E S U O B N H G Y M
V J X G Z O S Y C V E I S N O W
Z M F U P A U S B M L J P Z K C
H R B F R I E N D S T N L Q T K
H O T C H O C O L A T E F M N B
F A M I L Y R V S H O P P I N G
A E B C E L E B R A T I O N U U
B P M D B Y F I R E P L A C E N
```

Page 79

```
I L C K R S W L S S X G I U T Q
E I X Y D O U G K H B C R S R P
T E X R A X N S I Z X A W J I T
O H A Z X H E B Q B P K N P V E
T C A L V D T D O M I N O S I C
C N S W A S Q Z T F C Z T C A O
Z Q L R S F S S E C T U I E G P
E V A U R I S K I E I P U U A E
K H S C R A B B L E O C X W M R
C Y P T Q F M V E F N L X C E A
E V J X A C P D W X A U H H S T
B A T T L E S H I P R E B E T I
B J J W D U U T A Y J T S I O O
O G D T L N B X H L V I O S K N
M O N O P O L Y S T R A T E G O
```

Page 81

```
S N O W B O A R D I N G C G S F
Y T X P A H D J L Y O G H Z I I
I C E H O C K E Y R N G Q I L I
C U R D K C U R L I N G S C G C
E A K J H N Q Z N I T O N E S E
D T Q D U Y H A L D J F O S K F
A U Q E C Z G I W S K R W K I I
N K O B G B P L A W Z G A J S
C Q W S O O E L P J I K O T U H
I H P B M N R V U S I L L I M I
N A O W K H W D S G K N F N P N
G T O N H O D W A E E I T G I G
A N U P S L E D D I N G I S N Z
S F B H P S N O W B I K I N G G J
X D B S N O W W A L K S S M G J
```

Page 83

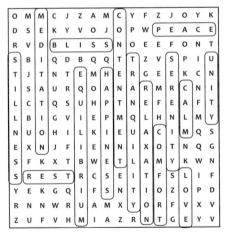

```
Y F B U B B L E B A T H A M S M
S F L K N K C H O C O L A T E N
H W Q Y R F R B C K Z C L F C K
W Z E D X P E K L V H V R L I N
X P N E Y H T A O J O V E I A T
Z R F I T U A K T E L X W V J A
G E G N T S I Z H K I C A D O V
Z S G D R J L G E H D A R X E U
W E I U E L T B S V A R D F H E
R N F L A F H A R D Y L V O Q T
E T T G T K E Z T E Q G A M E S
L S S E S G R S A K A H V J R C
A R O N G M A L R I Q K Z M W Z
X Q H C V E P X P O X I E E B F
O I A E Y A Y C P P J C A B K Q
```

Page 85

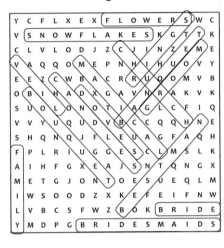

```
Y C F L X E X F L O W E R S W C
V S N O W F L A K E S K G T T K
C L V L O D J Z C J I N Z E M E
V A Q Q O M E P N H H U O V Y
E E Z C W B A C R R U Q O M V B
O B I H A D X G A V N R A K V K
S U O L O N O T I A G L C F I Q
V V Y U Q U D V B C C Q Q H N E
S H Q N Q J F L E U A G F A Q H
F P L R I U G G E S C L M S L K
A I H F G X E A J S N T Q N G X
M E T G J O N T O E S U E Q L M
I W S O O D Z X K E F E I F N W
L V B C S F W Z B O K B R I D E
Y M D P G B R I D E S M A I D S
```

Page 87

```
O M M C J Z A M C Y F Z J O Y K
D S E K Y V O J O P W P E A C E
R V D B L I S S N O E E F O N T
S B I Q D B Q Q T T Z V S P I U
T J T N T E M H E R G E E K C N
I S A U R Q O A N A R M R C N I
L C T Q S U H P T N E F E A F T
L B I G V I E P M Q L H N L M Y
N U O H I L K I E U A C I M Q S
E X N J F I E N N I X O T N Q G
S F K X T B W E T L A M Y K W N
S R E S T R C S E I T F S L I F
Y E K G Q I F S N T I O Z O P D
R N N W R U A M X Y O R F V X V
Z U F V H M I A Z R N T G E Y V
```

Page 89

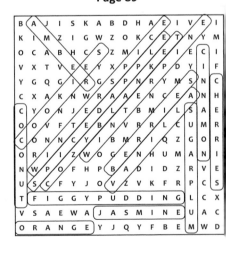

```
B A J I S K A B D H A E I V E I
K I M Z I G W Z O K C E T N Y M
O C A B H C S Z M I L E I E C I
V X T V E E Y X P P K P D Y I F
Y G Q G I R G S P N R Y M S N C
C X A K N W R A A E N C E A N H
C Y O N J E D L T B M I L S A E
O O V F T E B N V R R L C U M R
C O N N C Y I B M R I Q Z G O R
O R I I Z W O G E N H U M A N I
N W P O F H P B A D I D Z R V E
U S C F Y J O V Z V K F R P C S
T F I G G Y P U D D I N G L C X
V S A E W A J A S M I N E U A C
O R A N G E Y J Q Y F B E M W D
```

Page 91

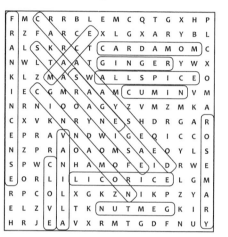

Page 93

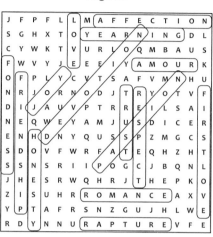

Page 95

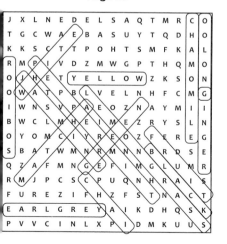

Page 97

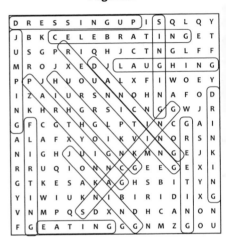

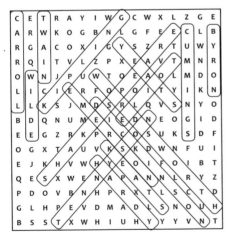

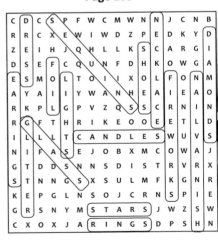